생각이 많은 것들은 고요가 깊다

임해원 시집

시와사람

임해원 시집

생각이 많은 것들은 고요가 깊다

2023년 3월 15일 인쇄
2023년 3월 20일 발행

지은이 | 임 해 원
펴낸이 | 강 경 호
인쇄·기획 | 도서출판 시와사람
등 록 | 1994년 6월 10일 제 05- 01- 0155호
주 소 | 광주시 동구 양림로119번길 21- 1(학동)
전 화 | (062)224- 5319
팩 스 | (062)225- 5319
E-mail | jcapoet@hanmail.net

ISBN 978-89-5665-665-6 03810

값 12,000원

· 지은이와의 협의로 인지를 붙이지 않습니다.

공급처 ■ 한국출판협동조합
경기도 파주시 탄현면 오금로 30
주문전화 (02)716- 5616, 070- 7119- 1740

생각이 많은 것들은 고요가 깊다

■ 시인의 말

사랑의 현존(現存)을 물으면서도
붉은머리오목눈이를 만귀정 물오리를
눈새기꽃들을 불러내는
반가움으로 많은 세월을 빗지고 살았다.
시의 얼굴로 내게 와준 그대들 오래오래 사랑한다

나의 시들은 나의 화티이고
적도에서 캐낸 나의 투명얼굴이고
소멸 쪽으로 타들어가는 나와의 황홀한 내통이다

행간에서 자꾸 사람의 길을 묻는 언어들을
시의 길로 이끌어 주신 스승께
이 부끄러운 시들을 바친다.
그 그늘에서 더 많은 세월을 노래하고 싶다.

임해원

생각이 많은 것들은 고요가 깊다/ 차례

1

2

3

4

5

1

화티* 1

"여보게, 내 불씨 어디에 숨겼나?"

"아예 다 타버리고 재만 남았다네."

*화티 : 성냥이 없거나 귀하던 옛날 불씨를 저장해 놓던 곳.

화티 2

너와집 한 채를 덮고도 한 쪽 팔이 남은 굴참나무
잎, 잎 안가는 데 없이 퍼져가더니
먼지 앉은 시간들이 툇마루에 쌓이고
바람이, 안개가, 구름이
허물어지는 담벼락이 내 몸을 밟고 갑니다
싸리꽃 내음 지천에 흥건하고
솔매미 떼 물색없이 울어대도
무작정 기다리지는 않을거예요, 나는
화티에 불씨를 다시 묻어놓고
좁쌀 한 줌 마당에 뿌리고 멧비둘기를 기다리면
밤송이 아, 입 벌리고
하얀 성에꽃 핀 너와지붕을 물끄러미 바라보던
그 때가 그립지 않나요, 당신
네 숨이 다하는 날
화티의 재를 거두어 굴참나무아래 묻어주면
나무와 나는 하나되리라고
그러다, 그러다
나도 없고 나무도 없고 짙푸른 그늘만 남겠지요
혹여 나무가 나를 싫어할지도 모른다는 걱정은 제쳐놓았습니다

숲, 고해소1

숲은 賢者다
그가 무안해 할까봐 나도 마냥 흔들렸다
캄캄한 혼잣말에 물든 그를
누구는 징역소라 읽고
누구는 스스로를 내보이지 않는 노래의 검은 흉터라 쓴다

맨날
자기만 들여다보는 말더듬이들
나무를 껴안고 혼잣말을 다 비우지 못한다
하여
나, 귀 기울이네
됐다,
이제 됐다,
다만 견뎌낼 뿐

숲은 너그럽다
맨발로 사막을 건너던 성녀처럼
날마다
세상의 큰 꽃, 노을이더라

숲, 고해소 2

그늘받이가 된 볕받이
연두 따라 오르는 물소리, 새소리, 벌레소리
아이 보채는 소리, 투덜거리는 소리
온갖 소리가 어울려있는 거대한 침묵, 깊은 바다

죄 없는 죄책감들이 서로를 원망하며
쓸쓸함의 정겨움을 알아차리던 혼잣말들
나, 귀 기울이네
그 또한 다른 나의 이름이기에
무릎보다 마음이 먼저 꺾이던 날들
울 힘이 없는 그대 대신 울어 주리라

흉터에 새로 피는 잎은 없다
마파람에 누울 듯 버티던 푸른 의문들
성긴 어둠을 지켜내듯 더 높은 곳에 새 순을 틔운다

숲,
한 번도 잡아주지 못했던 타인의 여윈 손을 잡아주는
거기

숲, 고해소 3

나무를 쓰다듬자 혼잣말에 지친 이파리들이
우수수, 쏟아지네
한숨 자국 선명한 나이테 안에
다 담아내지 못한 말들은 나무 뒤에 캄캄하게 서있네
산 자들의 마을을 기웃거리던 바람
풀들이 구름처럼 일어서는 이 몽유의 높이를 가늠 못하는
저 바깥을 손짓하며 늘 그 길로 오네

아직 어두우나
숲의 언어는 여전히 동이 튼다고 쓰여 있어
오래 망설였을 거야
숲이 깨어나네
책장 넘기듯 가슴이 뛰네
저녁 못물을 지켜보듯
죄가 그리워지는 황혼 어른댈 녘까지 예서 머물겠네

숲, 고해소 4

아침을 데리고 온
꽁지가 붉은 새의 숨을 내 갈피에 넣는다
입술을 동그랗게 오므리고 나를 열댓 바퀴쯤 돌고 간
그 새가 나뭇가지 하나면 잠드는 것이 충분하다고 일러주네
내 피가 순해지고
그의 왼 손을 내 오른 손으로 잡고 걷던 길
누군가 불러준 휘파람이 있고
누군가에게 불러준 휘파람이 있어
그러다, 그러다 아무 마음도 못 만나고 돌아간 마음도 있다
나무에 그 새가 앉듯 내 어깨도 내어주려다
문득, 풍뎅이 여섯 발을 아무 미움 없이 부러뜨린 유년의 기억은
택도 없지, 접는다

가쁜 숨으로 가뿐히 날아가는 새를 보며
울컥, 고개 드는 하늘나리
쌓일 곳을 찾던 혼잣말들이 숨어들고
세상은 멀리서 두근거리기 시작한다

숲, 고해소 5

가을은 산굼부리 갈대숲에 서있었다
바닷바람 앞에서 서두는 그들의 춤은 탈출이었다
기진한 그들이 분화구 언덕을 수의처럼 덮었다
세상 뒤 쪽에서, 더 뒤 쪽으로 숲을 밟고 건너갔다
오래 숨어있어 파래진 얼굴 산도라지도 따라갔다

생각이 많은 것들은 고요가 깊었다
한 바람에도 수천의 얼굴이 함께 누웠고
수천의 얼굴이 함께 어두워졌다
이 언덕이 이렇게 빛나는 한 때를 가졌다는 게
가슴에 더운 피를 돌게 해
구멍 숭숭한 돌들 사이에서 다시 깨어나지 않아도 좋았다
바람에 맞서는 그들의 춤은
마구, 또 일어나 적막을 덮는다
더 이상 젊지 않음을 알아차린 가을
갈대숲 은비늘에 찔린 서녘하늘을 감싸 안는다

12월의 그림자는 길다

잎사귀들
눈발에 불타듯 날린다
골짜기를 메우던 물길은 말을 줄이고
하늘은 무겁고
거울처럼 쨍한 웃음으로 바람은 날아가고
괜시리 급해지는 마음
손바닥 펴 다독여 보는 저물녘
이끼 켜켜 앉은 도시로 다들 돌아가고
나는 12월에 앉아있다
한 줄 글귀가 한 편의 시를 끌고 오듯 12월은
나를, 비틀거리는 한 생을 끌고 온다
그래도
투덜거리듯 혼잣말 건네며
따숩게 일어서는 선달 그믐달
내 안에 고요가 열리면
꽃 같은 기억, 돌팔매 같은 기억들 위에서 흔들린다,
웃는다
12월의 그림자는 길다

갈매못은 하늘에 뜬다

聖금요일
아침을 깨우는 아베베룸
푸른 눈
붉은 피로 갈매못에 안긴다
구름까지 올라
망설이며 비를 몰아오는 빈 하늘
그 아래 자갈밭은 하늘의 묵정밭인가
삭정이 물어다 둥지 하나 지을까
끝없이 하늘 오르는 길을 들어간다

사람은 神의 메타포
한때 흙에서 비롯된 목숨의 외로움이
휘강이의 굴욕마저 붉은 핏톨로 화관을 엮는다
마음 수그려 자갈돌 쓰다듬다 잊은 듯 웃어대는
사람들 사이를 걸어 나와
바다 새 끼룩거리는 먼 데를 바라 볼 때
밀물은
물수제비 띄우는 소년에게 간다

기억의 틈새를 차오르던 유빙
절망의 끝자리에 통곡처럼 안기는 은하 줄기에 엎드린다

하늘을 떠받친 물푸레 한 잎의 숨
무반주 음표 따라 무장무장 가라앉아
덧없음을 알아버린 빗방울
바다에 알몸을 던지니
기어이
갈매못은 하늘에 뜬다

*갈매못 : 충남 보령군 오천면에 있는 천주교 성지.
*아베베룸 : 성체찬미가.

상응 1

쥐방울덩굴을 옮겨 심는 사람을 보았네
날개 끝에 붉은 댕기를 두른 꼬리명주나비가
한 해의 절반을 살 집터라네
쥐방울덩굴이라는,
꼬리명주나비라는, 달리 부를 이름이 없는 그 둘이
오뉘처럼 앉아있어
거기서 生을 마감하고 싶을 만큼
그는 넉넉했다네

늦게 온 가을이
호미날도 닿지 않는 깊은 곳으로 덩굴을 옮겨 가니
경계를 넘어간 나비를 탓하지 않았다네
여섯 켤레의 신발을 신고도
하늘에 한 발자국 찍혀있지 않은
나비가 던지고 간 침묵을 적막이라 말해도 되겠나

상응 2

얼음 아래 웅크린 눈새기꽃도
때가 되면 꽃대를 올리곤 했다
들녘에 번진 하얀 찔레가
뜰에 핀 장미를 감싸버리듯
이름 부르기 민망한 며느리밑씻개나
혹은 쥐오줌풀처럼
누군가를 위해 낮아진 아랫길처럼
불씨를 감춰 이른 봄 얼음을 녹이곤 했다
하늘을 들어 올려
제 그늘을 만들 줄도 알았다

저 어린 것들이 벼랑을 알려나
새 울음에 붉은 꽃 만드는 나무들 있으니
아파라, 아파라
제 살 떼어 피어난
저 눈부신 찬란이여

멈춰라, 고요

성큼 오시라
붉은 몸 열어젖힌 동백길 가자
그대는
붉게 웃고만 있어라
내가 흔들리리라
한 철 꽃 피고 꽃 지던 마음
혼자걸음으로 들여다보는
나 아직 쿵쿵 뛰는 가슴이거늘
제 몸 가득한 흉터들 벙근 동백길에
물음표 거두지 못해 설레는 봄
멈춰라, 고요
나, 동백길에 누워 숨 멎으리

하심下心

솔가지 아래 수북한 솔잎에게,
앞산이 성큼 안긴 방죽가 꽃창포에게,
어이, 부르면 목청 고운 아낙처럼
아, 아, 대답하는 옹기 항아리에게,
저녁 어스름 끙, 허리 펴시던
그러다 아이가 된 어머니에게 절한다
마냥 절한다

울음이거나
혹은 웃음이거나
그냥 견디어내던 날들
이팝꽃 같은 달빛을 걸치고
어디까지 걸어갔다 하늘을 묻히셨나

다른 데 말고
오늘
나의 잠은 달다

만귀정晩歸亭

둠벙 위로 하늘이 내려왔다
가을이 몇 잎 날아와 무심히 스치는 동안
하늘이 움찔 흔들린다
한때 백설기 같았던 물오리 한 쌍 어린 구름 배밀이를 웃는다
그예 누워버린 왕버들
둥치 사이로 초록 숨결 토해내고
탁배기 한잔 건네며 서로의 무명無明 쓰다듬어 줄 이 없어
취석醉石 홀로 우두커니 턱 괴는 해거름
괜찮다,
괜찮다,
더디 왔어도 괜찮다 다독이는 옛 시인 앞에서
나는 또 휘청한다
외로움은 외로움으로 껴안고
이른 봄 아지랑이도 아닌 것이 왜 흔들리냐며 볼 붉히는데
저 솔방울만큼이나 많은 속엣말 하나 끄집어 내지 못하는
애진 마음이 서느럽다

오래 전 약속처럼 저무는 만귀정 노을 뒤로

물오리 첨벙 첨벙 따라 오더니 여직 내 안에서 소곤거리고 있다

*만귀정 : 광주 세하동 동하마을 어귀에 있는 광주광역시 문화재 제5호.

그 집

"엄마, 빗자루들이 거꾸로 서서 가네"
미루나무가 버스보다 더 빠른 걸음으로 앞장을 섰다
길 끝에
속살 붉게 열어보이던 석류 한 알
그 불빛 쬐며 새들이 낮잠을 자고 가던 집
한낮 햇볕 넘치도록 담아놓던 대청마루
잘 익힌 볕 누가 다 훔쳐가고
소매장군 뒹구는 담벼락을 기웃거리던 해진 비닐
앞섶에 예닐곱에 놓쳐버린 풍선을 품고 있다
너는 적연의 의미를
나는 유년의 하늘 그 푸름을 헤아린다
새암물에 설탕 몇 수저 휘휘 저어 말아주던
누런 국수가닥의 기억은 는개처럼 떠다니고
갈 곳, 쉴 곳 없어
노란 애기똥풀 그 어린 그늘에라도 들고 싶은데
어떡하나
어떡하나
지도에 그 집은 없네

2

산다이 1

글쎄,
어두울지 환할지 모를 그 길
하품 나는 평온일지 모를 그 길
앞서지도 뒤서지도 않게 배웅한다
손잡을 수 없는 거리에 있기에
거기 닿을 때까지 그대 보낸 엊그제
그리움의 몇 배쯤 내내 바람 불어
세상의 길은 사라졌으나 모든 무게 가뿐히 가렴
걸어서 닿을 수 없는 곳
걸음 없이 갈 수 있는 곳
그러다 새벽달에 놀란 풋사과 떨어지는 소리에
그제야
사라졌던 길들 보일 것이니
욕망이 걷어진 몸의 적막은
그리움이 사라진 얼굴의 적막
이 길이구나, 내가 닿을 곳이 여기로구나 하렴
사랑이 네 안에서 쉬어가는 것처럼

*산다이: 서남해 섬 지역에서 초상을 치른 날 밤에 망자를 위하여 술 마시고 노래하며 노는 일.

산다이 2

아침 아홉시의 수저 헹구는 소리도
오후 세시의 수런거림도
초저녁 여자도 그냥 웃어넘기렴
해 뜨고 달 이지러지고
세상의 모든 길이 하루처럼 저물 때
벌罰처럼 뜨거웠으나 한 짐이던 몸뚱이
직사각형의 기억*이
너와 눈맞아줄 나무 하나 된다면
뒤 돌아보지 마
세상의 끝이라도 뒤 돌아보지 마
별똥 뿌려대는 반딧불이처럼
너의 길이 외롭지 않게 밤새 깨어있으려니
이제
제 눈물로 몸을 씻는 자작나무 아래
꼭두새벽 바닷빛으로
아침마다 기지개 켜는 돌꽃이 되렴.

*송찬호의 「흙은 사각형의 기억을 갖고 있다」에서 빌려옴.

이방인의 뜰

낙조가 억새들 꺾인 무릎에 앉았다
풀씨 같은 초저녁별을 품은 거기
눈이 부셨으나
바다가 멀리 달아났기에
하늘을 허물어 그리로 흘려 보낸다
새 떼들이 날갯짓하는 동안에도
여전히 시간은 소멸 쪽으로 다가가고
사랑이라는 것조차 무너지는 허당을 어찌하지 못한다

떠나 보내야할 사람들 발을 묶은 섬의 한 끝씩
몸에 묻혀있던 어둠은 물음표를 세운다
주지 않았음에도 받아버린 상처 때문인가
물 위에 뜬 얼굴
괄호에 갇혀 뭉개진다
젊음의 거의를 소진하고도
설명하지 못하는 무엇인가를 갖고 있다는 건
참 다행이다

말없음이 살가워지는 만큼만 세상을 이해하겠다며
늦게 피어난 흰 꽃이 어둠에 앉아
뜰 가득 출렁이는
하늘은 마침 밀물 때였다

꽉 찬 고요

딴전 부리듯
와불님 귓속에 들어앉아 가부좌를 틀 것
절집 녹 슬은 구리종이 기억하는 벽력일 것
가슴이 온통
아무것도 아닌 것일 것
막무가내로 번지는 노을일 것
눈개승마가 기억하는 아지랑이일 것
그리하여
꽉 다문 입
무슨 말도 깜깜 들리지 않는
꼭두서니빛
먼 밤하늘까지 덮어씌울 것

왜?

어디서 따라왔니
도꼬마리 몇 개
한사코
소매 끝 붙잡고
"이 도둑년!"소리친다

아뿔싸,
내 귓등에 쑥부쟁이 하나 숨어있었네

입춘立春

나무야
네 젖가슴 어디 있니?

버들강아지 몇 놈
연두 물살에 얼굴을 묻고
아슴아슴
눈웃음 친다

늘 그 말

개미가 죽은 지렁이를 끌고 간다
아니
죽은 지렁이가 산 개미의 삶을
끙, 끙
끌고 간다

무엇이라 한들
그 무엇도 아니라 한들
어쩌랴

쇠똥구리 한 마리도
오체투지의 시를 쓰며 지구를 굴리고 있다

향일암

꽃잎 진 자리
허리 펴지 말고
下心으로, 下心으로
니르바나 향한 돌계단을 오르라
세상 걱정일랑 걸어 잠그고
부처의 갈비뼈같은 계곡 깊숙이 들어서라
눈 뜨라

마음자리 엉킨 실타래
헤아릴 수 없는
몇 겁의 세월을 기워낸
스님네들
禪定에 들었다

봄 가뭄에 깊어진 하늘
물소리 잦아든 약수터
빈 바가지 하나 해탈하는 중

손 내민
그대
가섭의 미소 쏟아져
말아 쥔 法指 둥글게 펴 보이는데
붉은 하늘
바다 향한 가슴을 연다

하염없다

불갑산 오름길쯤
해불암, 주낙배처럼 떠있다
아침나절 물안개 자우룩 피어오르면
산등허리의 바위들은
곰곰한 얼굴로 바다를 건너는 꿈을 꾼다
구름이 마차 바퀴처럼 굴러가고
꽃무릇이 지천일 때는
허적한 마음들 둘러앉아
가쁜 숨 쉬는 것들은 좀 쉬었다 가라고 붙잡아
고것들 엉덩짝만큼 골이 파였다 그러다
아미타불 읊조리는 바람이 걸터앉으면
안에서 들끓던 것들 가을秋 물결波처럼 일렁이다가
소금이 오듯 잦아들어 묻어둔 불씨마냥 하염없다

나만 남았습니다

혜진 지도 한 장 들고 칠불사를 찾아 갑니다
가는 귀 먹은 낙엽들 바스락거리고
집 없는 달팽이는 꽃잎에 누워있었지요
가야의 먼 풍경소리에
이끼 핀 돌담에는 바닷물이 출렁이고
바다가 털어 보낸
비늘 몇 조각이
애기까치가 되어 날아오릅니다
벌건 화톳불 날개 퍼덕이며
하늘 한 자락에
하얀 매화 꽃수를 놓습니다
남루해진 그대의 짐
내 어깨에 올리며
아예 지나가버린 것들을 입 다물 수밖에 없는
때 늦은 위로처럼 찾아온
나만 남았습니다

살구나무 아래 마음을 두다

바쁘다
밭두렁 옆 살구나무, 잎보다
꽃을 먼저 피우는 것은 잔털 수북한 햇쑥이
서늘한 바람자락에 얹혀있기 때문

어김없다
어두움에 고여 있던 따순 것들
나무둥치의 목마름 쪽으로 정갈한 이슬의 무게를 나르고 있다
달 차오르듯
화르르 화르르 폭발하는 저 아릿한 통점
채 익지 않은 풋것들, 울먹이듯 연분홍 왈칵 엎질렀다
웃느라
바람이 멈칫하는 그 때만큼도 아닌
금세 시들어 갈 꽃, 그래도 핀다
그걸 맨날 잊어줘서 고맙다

해종일 몸 달뜬 바람
열 너댓살 계집아이 젖멍울 같은
풋살구 움켜쥐고 캄캄한 씨방 속 기억을 깨우는데
살구나무, 흔들리는
제 몸의 이야기 다 펴주고 묵언중이다

상사호로 저문다

제 그림자 업고
물오리 그리워하는 소릴 듣는다
내가 보이던 자리에서 나를 버리니
그대가 보이고
물오리 절로 꽃이 핀다
턱 괴고 엎드렸다 고개 드니
가벼웠던 나무들 웃음 우거지고
물오리 부리같은 꽃눈을 세운다
더러 마음 쓸쓸한 날에는
어둑발 내리는 상사호를 바라볼 일이다
대보름에 불탄 자리마다 여린 민들레 자라
백발성성하던 씨앗이 피워낸
저 오래된 봄이여
사라지는 것은 없다던 그대를 나도 믿고 싶다
내일도, 그 뒤에 오는 내일도
조바심 난 빗물이 강을 만들듯
나무 밑동을 따라갈 것이고
햇발은 환하고
바람은 어김없이 연두로 설레고
서녘 하늘 깨우는 노을은
상사호 등 굽은 뚝 길에 굴렁쇠를 굴릴 것이다

연꽃 피다

'고요의 바다'아래
사방은 묵묵
방죽가 갈대의 숨소리도 묵묵

여윈잠 든 못물
슬금 지나가는 여우바람에 마음 여는 그때
한소끔 끓던 눈물 버리고 무지개 세우는 연잎
눈길 닿는 거리만큼 소곤소곤
하나, 둘, 셋
오무린 연꽃 활짝 열리는 저 웃음소리
연잎끼리,
연꽃끼리 서로를 건너가고 있다

호야심지처럼 붉어지는 벅찬 숨

*고요의 바다 : 달의 분화구.

칠불사 일주문 앞 연못에는 간짓대 하나 걸쳐져 있다

발 담갔다 돌아서는 바람
등에 업혔다 톡 빠트린다
소리 없이 번지는 갈망의 터울
바자울 너머
물안개는 산그늘 데불고
눈 먼 유혹이
나를 떠날 때까지 서성인다

영산홍 너울거려
숨 차오르는 뜨건 것들
그에 재우겠다는 속앓이 애진 자리
한 줌 사리로 영글려나

더 버릴 것도
건져낼 것도 없는
연못에 간짓대 하나 걸쳐져
바람 자고
水心 깊어지고
몸 가득 큰 산 하나 들어온다

오늘
길게 뻗은 그림자만큼 연밥은 채워지고
시든 잎은
禪定에 들었다

개심사 저물녘은 어디로 가시는가

사는 일이 왜 이러냐고 혼자 중얼거려도
저 모퉁이 늙은 바위들은
무어라 말을 건네지 않습니다
아예 답은 없다는 듯, 비밀을 캐내려는
어리석음을 몇 겁 무게로 눌러옵니다
굽은 길 위를 배회하는 바람이며
헤매다 돌아오는 메아리도 핼쓱합니다
터벅터벅 절에 다다를 무렵 달이 뜨더니
산길 하나 술 취한
불목하니 손을 잡고 비틀비틀 걸어옵니다
절집 넉넉한 고요 속에
숭얼숭얼 피어난 불두화 겹겹
늦은 뉘우침이 꽃 지듯 아파옵니다
가는 곳이 길이려니
노스님
흐르는 약수 바가지에 몇 글자 띄웁니다
水
流
去

*開心寺 : 충남 서산 상왕산에 있는 사찰.

미황사 길

'성불하긴 글렀어'
바람이 소곤거린다

저런
차마 소진하지 못한 제 불길 끝내 못 견딘
달마, 벌떡 일어섰다
불 꺼진 석등 아래 엎드린 불두화
히죽히죽 제 웃음 게워낸다

가슴 미어지는 풍경 하나씩 품고 온 이들
저물기 위해 바다의 깊이로 뒤척이다가
짊어지고 온 무게만큼
마음을 헹구거나
노을조차 없는 해거름 고요를 한 움큼씩 퍼 담아
무심한 듯 돌아서는 미황사 길

꿈결인 듯
몇 번의 생을 거슬러 온
물소리에 주르르 흔들리는 애기단풍
천천히
내 안에 불 지른다

목어, 날다

지느러미 바스라지도록
푸른 비늘 훌훌 벗는 강물이고 싶다
일평생 눈감고 잠들지 못하는 그가
바라보는 하늘은
소금기 가득 목울음 차오르는 바다
바람을 물처럼 풀어놓고
다비되는 꿈에 얼굴 붉히며
뚝 뚝 촛농 떨구듯
목어, 울다

3

그대, 나무 1

그는 이미 사람이다
저 소슬한 하늘의 품을 거느린 그늘이며
웬만한 상처쯤은 옹이로 다진 넉넉함이며
함부로 내뱉지 않는 결 깊은 생각이며
푸름만을 섬기는 고집이며
바람 앞에 서면 바람이 되고
뙤약볕 아래
헛날갯짓하는 멧새의 몸을
머리카락 세워 감춰주고
연두가 흐르는 물 깊은 샘에
발 담그고 서있는 아름드리쯤 되는
그는 이미 사람이다

그대, 나무 2

별들이 온다
하늘이 다 비었다
호야 속 심지같은 그대가 서있다
나에 대해 할 말이 줄어들자 그대의
맑은 실핏줄 도드라진 어깨에 별이 흐른다
제 몸 비우는 낙엽 위에 낙엽이
눈썹 가물거리는 달 위에 달이
물빛 하늘 위에 바다가 눕는다
내 허아비 몸도 따라 눕는다
나와 마주앉아 그대를 바라보는 일은
누더기같은 이 세상을 넘어가는 일이다
맑은 찻잔 위에 들국빛 쑥부쟁이 한 잎 띄워주는 일이다
키 낮은 제비꽃 하나 몸 일으켜
제 스스로 견디어낸 하루를 지그시, 지그시 바라보는 일이다
눈 감은 어둠의 탄식조차 환할 일이다
어느 우주에 닿더라도 흔들리지 않을 일이다

꽃의 그늘

얼음 풀린 길섶
꽃우물에 숫펄을 기다리며
가만가만 진저리치는
노란 눈새기꽃* 다리쉼을 하고 있었네
누굴 기다리기에 너무 짧은 봄날은
연두에서 진진초록으로
왼종일 마냥 서서 귀 기울였네
하여 내 마음이 잃어버린 꽃이었음을 알았네
더디 오는 것들
서둘러 오는 것들 사이에서
아, 이 봄도 목마르겠네

*눈새기꽃 : 눈을 삭이며(녹이며) 핀다는 뜻인 복수초의 다른 이름. 얼음 사이에서 핀다고 얼음새꽃이라고도 한다.

겨울 허수아비

누가 한 철을 거두어 가나보다
여름 낙숫물 수런거림에도 그는 대꾸조차 잊었다
텅 빈 묵정밭
한 다랑치라도 더 일구려는 욕심 버린 써레질도
가을 들숨 속으로 잦아들었다
길 저 편 지나가던 바람이 끌, 끌 혀를 찬다
머지않아 낯선 길에 서있을 망각을 위해 조금쯤
슬퍼하는 것은 용서해다오
덤불숲 외진 자리
못 박힌 듯 서있는 비망록의 음각들을 손끝으로 읽어 내리며
더 이상 돌아갈 길을 기억하지 않아도 될 그의 두 팔을 모아준다

날개 죽지를 포개 둥지를 찾아드는 새처럼
겨울눈은 고요를 뭉쳐 따스하게 오는데
파꽃같은 머리 바람에 날리며
혼잣말처럼
홑적삼 걸친 허수아비, 웃고 계신다

겨울은

히야신스
그 긴 기다림에
붉은 등을 켠다
비파잎 넓은 가슴을 파고드는
들고양이의 노란 눈초리에 반짝거린다
겨울은
묘비를 적시는 함박눈으로 앉아
잉걸불의 목마름을 생각한다
겨울은
소금알갱이처럼 서걱거리던 기억들의 외도
황홀한 內通이다

비렁길에 멈추다

빈 마음이 빈 길에 서있는 것은
겨울나무처럼 거룩하다

길이 끊기자 먼 곳은 가까워지고
동백숲에 두어 줌 햇빛 들어 수런거리던 그늘을 지운다
떠나야할 새들의 날갯소리는
하늘에 긴 그림자를 누이는데
문득
스물 예닐곱 사내 같은 바다를 안고
올라갈 수도 내려올 수도 없는 벼랑을 꽉 움켜쥔
소나무 하나
오래 서있어 앉는 것을 잊어버린 저 가파른 생을 우러르며
나는 부끄럽다

가만가만 꽃눈 여는 비렁길
동백숲에 숨은 동박새처럼 가벼워지려나

*비렁길 : 여수 금오도의 해안길.
비렁은 벼랑의 사투리.

이웃을 두다

동트는 언덕이 새와 어울리다

묵은 씨앗을 양지뜸이 덮다

나직한 혼잣말을 의자에 앉히다

보던 책을 베고 게으르게 낮잠에 들다

비파잎 넓은 이마를 무당벌레가 노닐다

보도블럭 틈 민들레에게 나비를 데려오다

강아지풀의 꺾인 허리를 아이가 쓰다듬다

가을에도 떫던 땡감의 기억을 단감에게 전하다

버스 정류장 맞은편에서

이따금씩 나를 바라보던 나무에게 이름을 지어주다

서로를 알아듣다

나 죽어 나무가 되면

나를 흐르던 붉은 피
산골 고랑마다 돌, 돌, 돌 흐르는 물 되어
냉갈 그슬음같은 생전의 죄 조금씩 씻어내리
세상의 모든 길은 예서 사라지고
잎사귀들 촛불인 듯 하늘 밝힐 때 나도 일렁이겠네
원고지 한 칸씩 지워지듯 내 몸 다 비워지면
비껴 달아나던 지상의 모든 언어들 불러 모아
옹이 박힌 나이테가 되겠네
저 아래 절집 목탁소리 울릴 때
옹이 아래 둥지 묻어 一家를 이룬 딱따구리
새벽을 물어오고 어둠 길어내
하늘의 빗장을 열어주지 않겠나

반가워라,
수줍은 늦 원추리 하나 지긋이 피어
조곤조곤 속내를 열어 보이네
눈두덩 붉히며 주저앉은
그대 가슴에 나, 머물 수 있다면
그제야
나 죽어 나무가 되는 일이
그다지 쓸쓸한 일이 아님을 알지 않겠나

깊은 잠

저기 반야봉 산발치
너럭바위 곁에 엎드린 반달가슴곰처럼 잠을 청하리
굴참나무에게서 빼앗아온 이파리들을 흰 눈으로 숨겨 놓은 그 언저리
웅얼웅얼 검불같은 잠꼬대도 버리고
사월 잎샘바람에도 몸을 길들이던 조팝, 그 희디흰 꽃불의 기억도 버리고
곧잘 불길 속으로 뛰어들던 팔월, 그 뜨거움의 기억도 버리고
서녘 노을조차 서걱거리던 그 성마른 기억도 버리고
등을 보이며 떠나가는 젊은 것들을 기꺼이, 기꺼이 용서하며
고집스레 잠을 청하리
빈 마음자리
잠의 두께만큼 웃음의 모서리도 둥글어지려나
절집 마당 눈 뜬 목어가 짖은 종소리에 얹힐 때
나도 기지개를 켜리라
산의 몸에서 터져 나오는 어둠에도 세상은 밝아오고
헤맴의 길 위에 한낱 입김으로 서있는 一生일지라도

버려야할 낮익은 나와 찾아나서야 할 낯선 내가 있는 탓이다

옥빛 하늘

바닷물에 눈을 헹군 훤한 빛이 장맛비처럼 아득할 것이다

너릿재길

늦자란 쑥 냄새가 동이 트듯 맑아
배롱나무는
한순간 황홀한 폭발을 마음먹는다
너그러운 허공에 뿌려지는 질펀한 절창
오래 묵혀온 심장을 열어 보이는 너릿재길
숲이 깊어도 바람은 길을 잃지 않는다
사람이 가을바람처럼 눈에 보이는데
이제사
가을이 깊어지겠구나

능소화

처음엔
심짓불 훅 당기는 듯
느닷없이 번지는 불에 덴 듯
아파라, 아파라
몰래 훔쳐본 사랑이 저런 불길로 도지는구나
담장마다 뒤란마다 도지는구나
백년을 더 사랑하고 싶은,
백년을 더 죽고 싶은 이 여름
어치가 맡기고 간 주홍 떼가 소름같이 돋는
참 난처한 그리움을 품은 적 있으신가
한사코 그늘로만 뛰어드는 애먼 그리움이
불을 댕기는 부싯깃돌일 줄
그래서 그 꽃자리 귓볼이 늘 환하게 밝혀있는 줄, 몰랐다
기어이 주홍이 주홍채로 무너져 내리는
아슬아슬한 허공 그 자리
휑한 떨림 한 줄 남기지 않은 채
아득하다

바람에 베이다

바람은
우리가 흔들리던 곳 그보다
더 멀리서 온다
어차피 부는 바람 앞에서
실타래 엉키듯
바람 가는대로 따라가고 싶은 것을
들판에 그대로 던져지고 싶은 것을
그냥 내버려 두자
이 바람도
이 바람의 바람기도

뜨거웠던 찻잔이 조용해지듯
빈 들녘에 묶여진 볏단이 숨을 죽이듯
빈 그네에 바람이 앉아있다

백길리, 내 하누넘*

우르르 달려오다 멈춰 선 바다
날숨과 들숨에 몸을 섞는다
밀물을 떠나보낸 갯벌은
어두워지는 것들을 가슴에 묻는다
마냥 깊어지고 싶을 때
내 안에 그득한 것들을 거두고 싶을 때
거기까지,
거기까지만 헤매다 돌아온다
초로의 적막이 여직 꿈틀거리는 뜨거움을
회초리로 철썩 철썩 후려치는, 내 하누넘
낮달이 앉았던 모래톱에 불덩이가 누워있다

*백길리 : 신안 자은도에 있는 백사장.
*하누넘 : 하늘과 바다만 보이는 곳.

저 길을 강이라 부르다가

수 천 개의 물방울들이
끝 모를 고요보다
오체투지의 티벳 성자보다
더 낮게 에돌아 에돌아 흐른다

어딘가에 닿아 그 이름을 잃을 때까지
나는 푸른 너울에도 바람이고 싶었다
거슬러 오르지 못한 것들
버리고 보태도 감춰지지 않는 것들
어서 오라
어서 오라
약속처럼 기슭 어디쯤을 저무는 꽃그늘 휘감고
훠이 훠이
바람 난 새 울음을 불러 모으는 일몰은 타고
어찌하나
어찌하나
내 볼 붉은 동지冬至도 동백 불 밝힌 애가 탔다네

마음은 천千이라서
먹물처럼 가라앉은 산길의 무덤같은
파시의 어둠에 등을 기대고
후 후
담뱃불을 태우는 노인처럼 지워지던 발걸음
가풀막길*, 이제는 돌아갈까 힐끗 돌아보면
수차를 돌리는 사내의 벗은 등에
허옇게 갈라지는 소금밭이 눈 부셔
아슬하게 비켜가는 고빗길을 어딜 가느냐 바잡는다

그대, 참 많이 걸었다
어머니 쪽빛 적삼 옷고름을 풀어 놓은 듯
아득한 저 길을 강이라 부르다가
섬을 끌어안는 이 길을
나는 바다라고 부르겠네.

*가풀막: 가파르게 비탈진 곳.

소금이 온다*

모랫길은 견고했고
포구는 망설임을 고물에 묶는다
그곳은 바다를 기다리는 내 生의 역전
갇힌 바닷물에 서쪽 해가 잠기고
바다를 하늘에 돌려준 소금이 온다
무엇을 잃어 무엇을 얻는 건지
무엇이 변하고 무엇은 변하지 않는 건지
새들은 마른 갯벌에 물음표를 그린다

외로움은 병이 되고
고독은 약이 되는 백길리 바닷길은
한 생을 다한 순례의 길
어디에도 없는 그대여
제 눈물을 말려 파먹는 소금벌레처럼
세상의 중력에 가벼워지려거든
백길리 모래톱에 바다를 열어 볼 일이다
등짝에 뿌려지는 소름발 같은 잔모래가
썰물에 걷어나가
밀물에 뛰어오는 그 곳에
또 다른 생의 문패 하나 달고 올 일이다.

*염전 사람들은 소금이 되는 일을 '소금이 온다'라고 말한다.

4

널배를 민다

발목을 움켜잡는 뻘과
뿌리치는 무르팍의 힘겨루기
한 발짝
한 발짝
그려지는 고단한 곡선

서쪽이 붉어진다
돌아가야 한다

하루치의 한숨으로
물때를 읽던 새벽이 어둠의 불을 끄면
환하게 산란하는 것들이 어제를 지워버려
짐승 같은 바다가 허락한 길을 따라
무릎꽈리에 몸을 얹고
다시 널배를 민다

*널배 : 뻘배의 다른 말.
꼬막이나 낙지를 채취하기 위해 갯벌에서 타는 널빤지.

다듬잇돌

기억은 때로 보름달처럼 환하다
새벽 기차에서 내린 어머니의 큰동서가
함지박에 담아 이고 왔다는 다듬잇돌
꾹꾹 버선발로 밟은 당목 홑청 없어
또닥또닥
다듬이질하는 어머니 앞에 어린 딸로 앉아
또닥또닥
박자 맞추고 싶다
햇살 쨍쨍한 어느 굽이에서 풀비 먹은 삼베 적삼 말리는
어머니처럼 다듬잇돌이 앉아있다
한 물살이 다른 물살에 얹혀 목울대 넘치는 날
가만가만 쓰다듬다 묻는다
가슴이 숯검댕이래도
아니 이름 잊혀 진 채 이미로만 불리더래도
그대 다시 돌아오시겠는가
바람 부는지
꽃 피고 지는지
조팝꽃 너머 풍금처럼 흐르는 그리움 있다

바다의 문자

세상은 눈부신 잇단음표
불협화에 귀 기울이는 낯선 운명을 넘어서 간다
불면은 누룩처럼 익어가기를 기다리는 일

얼레빗 바람
건들거리는 초여름 한낮 볕
비린 갯내를 갉아 먹고
작은 주낙배 뜬다

더는 기워 낼 수 없다
투두둑 찢어지는 그물
틈새로 빠져나가는
모눈종이속의 촘촘한 권태는
목젖 차오르는 한숨을
뻘밭에 묻는다

바다에는 문자들이 가득하나
내겐 글이 없다

생은 생생하고
싯푸른 절망
하늘은 기우뚱 허공으로 날아간다

맨드라미가 일어섰다

끓어오르는 몸 찬찬히 들여다보던
맨드라미, 흥건히 엎질러졌다
황홀한 비밀결사
맑은 선홍 한 점 한 점이 통점이다
무참히 붉은 잎새
어서 제 자리 찾아 궁둥이 앉히렴
해종일 마음 졸이던 거리만큼
여름 그 뜨거움에 열리는 네 꽃잎이
천천히 차오르는 거리만큼
웃어라 맨드라미야

이제 막 깨어난 고추잠자리 한 마리
날개를 톡톡 털며 날아간다

며느리밑씻개

바람이 흔들며 지나가도
누가 저의 이름 불러도 묵묵하다
삶은 때로 수평을 이루어
저 아래로는 강이 이어지고
그 위로는 길이 흐르기도 해
빙긋 웃다가
혀를 끌끌 차다가
사람들은 떠나가고 적막인데
그의 외로움은 세상의 것과 달라
가시를 세우고 붉은 꽃술을 쏟아낸다
한사코 며느리밑씻개라고 불러 서운할까
생각을 부챗살처럼 접어
저를 들여다보지 못하게 하는 그가
시든 꽃받침 위에 마음을 파묻고 깨금발로 서서
흔들려, 흔들려
작아지고 철없는 것들의 시린 속살을
제발 내버려 두라한다

물결을 읽는다

물의 결은 바다의 문자
밤하늘이 던진 별똥이 물의 가슴을 건드리는
도미노의 날 선 행렬
그 마지막 몸짓은
바람의 깃털이 날리는 고요를 안으로 견디고 있다

힘껏 솟아오르다 잠시 숨을 고르는 햇살 한 올의 망설임
허벅지를 감고 절정에 오른 물결이
번뜩 몸을 놓아버리는 휘어짐은 수직의 높이로 남아
생겨남과 소멸이 되풀이되는
목숨의 오랜 쓸쓸함을 고백하는 것이다

몽돌 쓸리는 소리를 두 손으로 움켜쥔다
소리는 손가락 사이를 빠져나가고
바다만 손바닥에 오목하다
붉은 머리카락을 털며 망설임 없이 허리를 펴는 불덩이
그 새벽을 바라보는 정결한 힘이
멍석말이하듯 물의 결을 만들어낸다

길이 끝나는 바다의 벼랑에 오체투지의 성자는 허리를 세우고
갈맷빛 물결은 물살 무늬를 세상의 모래 위에 남긴다
아득한 푸르메*
땅의 끝을 찾아 무너지는 몸을 던진다

*푸르메 : 맑은 물이 고여서 고요한 푸른빛이 되는 과정을 뜻하는 제주 방언.

가자, 겨울 통영

비켜가거나
조금씩 늦거나
만선의 욕망에 지친 어장아비
겨울은 마음 깊은 곳에 머무는 때라고
인디언의 낙서 흐릿한 다찌집에
끓어오르다 내내 슴슴해지는 세상이
지겨운 낯빛으로 앉아있고
사라진 것과 사라질 것들이
흐린 불빛과 다투다 떨어지는 한숨처럼
이면지에 쓰다 구겨진 시처럼 빈 잔에 수북하다

먼 행성에서 달려온 빛들이 주저앉아있는 길들은
뜨겁고 동시에 차갑다
바람 불면
겨울 통영은 비사표 성냥갑처럼 엎드려
청마의 소리없는 아우성을
갈라진 손금 보듯 헤아리고 있다

물에 이르다

마음 수그리면 결이 보인다
봄 내내 노루귀꽃 피우다 온
물결의 부유는 가상하다
해 들자 그림자 걷는 소리
바람 불자 그림자 뛰는 소리
낮은 데로
더 낮은 데로
온 몸을 다 흘려보낸 후에야 가벼워지는 계곡
홀로 어두워져 적막을 헤이고 있다

가을 그치면
그림자 찾으러 가야겠다

섬, 바다의 베갯머리

입덧 난 새악시처럼 몸을 뒤채는
수평선을 허리에 묶은 섬
소일삼아 바다의 냄새를 맡거나
파도의 문자를 베끼며 속울음 우는 하루를 견딘다
날마다 떠나는 꿈만 꾸던 섬
떠나지 않으려
모래톱 귀퉁이에 숨겨둔 그늘을 꺼낸다
몸 구석구석 오래된 먼지를 털던 파도는
귀를 열어 담아두었던 소리를 내지르고
어린 딸처럼 마음 순한 햇살 몇 줌 살금 걸어와
닫혔던 꽃문을 연다

하루에도 수 없이 흔들리는 내 안의 바다
깊어지기 위해 찾아간 거기 누군가 있어
'내겐 늘 바다가 부족하네'* 투덜거린다
늙은 어머니 젖가슴같은 뻘밭
오지 않는 잠이 꿈을 궁리하듯
그리운 이여, 첫줄 또박또박 편지를 쓰듯
저물녘 해 뚝, 떨어져 방파제를 걸어가고
한 땀 한 땀 낡은 시침같은 구멍 난 그물위로

섬을 가둔 수평선을 물고 흰 물떼새 솟구친다

*'내겐 늘 바다가 부족하네' : 안면도 시인 박만진의 시집 제목.

봄동

팔 벌린 네거리
한 쪽 길은 잔잔하고 건넛길은 분주하다
돌아눕다 눌린 어깻죽지
구겨진 무릎 감싸 안고 웅크린 할머니
봄동 네댓 개 놓고
누군가와 눈 마주치기를 기다린다
할머니 무릎에 앉은 손녀딸 같은 봄동
서로 닮은 둘이
오래오래 곰삭힌 겨울자리 저리도록 연두 새겨
귀퉁이 쪽볕 베고 자울자울 졸고 있다

많은 것을 버렸으나 아직도
버릴 것이 남아있을
저 굽은 등
날 저물면 더 어두워지지 않듯 더는 늙지 마시라
부질없다, 부질없다
마른 등걸 같은 손사래 친다

물오르는 나뭇가지마다 반지 끼우는
허공의 맹세에
새살 돋는 봄, 저 혼자서 생생하다

옛집 우물가 감나무 생각

고단했을 것이다
주저앉아 울고 싶었을 것이다
어느 날은 일생이 바람인
도랑가 버들개지 손을 잡고 도망치고 싶었을 것이다
그런데도 의연한 듯 해마다 한 뼘씩 어깨를 키우고
새침한 듯 하얗게 감꽃을 뒤집어쓰고
정수리에 매단 붉은 것들을 기꺼이 내주던
그를 생각 한다

물수제비 띄우듯 햇살이 넘나들던 울타리 너머
우물의 숨결이 오른쪽 어깨에서 왼 어깨로 찰박거리던
그의 이마 밑 그늘을 생각한다, 왼종일 생각 한다
함부로 삭히지 못한 기억들
아프다, 아프다 못해 꽃이 되는 그 자리

마음 시들해질 때
낡은 서까래 같은 세월 건너
황토마당 우물가 감나무를 생각한다, 왼종일 생각 한다

정짓문이 열린다
눈 내리는 아침 붉은 까치밥 같던 엄마, 웃는다

오월에는

나, 이미 어미지만
오월에는
다시 속 뜰 너른 이의 딸이고 싶다
넝쿨 손 내민
그늘 넓은 나무 같은
그 빙긋한 웃음 아래 서보고 싶다
이 세상에 몸 던지듯 자식 사랑하기가
낡은 생철지붕에 내리는 해넘이 노을처럼 얼마나
가슴 저리는 일이였는지
아예 멧새 재재거리는 철부지이고 싶다

고샅길
귀뚜리 울음 흥건한 마당귀에 서서
끙,
굽은 등 펴던 그대여
내 가까이 아니래도
꽃들 피러 오는 길 어디쯤 서 계시라
길 없이도 내내 오고가는 바람길 어디쯤 서 계시라

유월, 혹은 流月

여직 푸름만을 고집하는 것들
흐르려거든 붉게 타올라야한다
확, 확
불붙는 절정
함부로 나서지 못하던 몸 안의 유빙조각들
숨소리 깊다

목숨을 가진 것들에게 속살을 내주던
햇살 한줌은 얼마나 찬란한 기억인가
여섯이라 불리다 흘러가 버리는
유월, 매혹 당할 수밖에 없는 그가 간다

못물을 가둔 논배미처럼 생각을 꽉 다문
누군가
다시 매혹의 유월을 불러낼 때까지
먼 데 산 나무를 꿈꾸게 하던
붉은 입술의 바람은 추락의 중력에 길을 비켜 선다

잠시 한눈을 파는 사이에도
나의 날들은 여전히 유월로 흐르고
그는 내게로 온다

조릿대는 날마다 일기를 쓴다

일주문 위 낮달은
사람에게서 비롯돼 신에게로 거두어지는 목숨과 닮았다

그대에 닿기를 소원하는 바람
빈터를 지나며
사라지고 싶다,
사라지고 싶지 않다… 중얼거린다
돌부리에 걸려 허공을 잡는 두 손의 당황
서걱이는 조릿대의 일기 몇 토막을 뭉갠다

약수터 바가지에 담긴 먼 데 바다 물빛은
거울에 갇혀 선명한 깊이를 만든다
절박한 목마름에도 물의 시작은
수직의 경사를 타고
와불 계신 길
물이끼 낀 돌계단을 염주 알 굴리듯 오른다

나무 자라는 소리 들을 수 없으나
조릿대는 날마다 일기를 쓴다
비 그친 자리 맑은 물 냄새 더듬으니

산비탈 조릿대
그림자마저 원래 없었다

성자 둘

환한 어둠
북두칠성은 허리가 휘고
눈썹달은 비탈진 산등에서
나무들의 눈부신 알몸을 훔쳐 본다

어미는 늘 바빴다
마른 풀잎 주워 오고
부러진 가지 주워 오고
땅 속 어둠을 버텨온 매미의 노래도 물어와
묵주 굴리듯 날개 아래 품어온
남의 새끼, 뻐꾸기
분가하는 날

이쯤이면
붉은머리오목눈이를 품어준
나무,
그도 성자다

5

겨울 하늘에 관한 짧은 기록

"달아, 나 준이야.
너도 어서 집에 가, 추워"

달도
준이도
뼛속까지 비워 하늘을 나는 새도
할머니 누비처네 속 고요에 업혔다

끈

나는 내 딸을 낳고
내 딸은 너를 낳고

얘야, 너는 내게 누구를 안겨줄래?

내리사랑

아이가 짜장면을 먹는다
어미는 물수건을 들고
짜장 국물이 묻은 아이의 입을 닦는다
어미는 침 한 번 삼키는 일 없이 루르드의 성녀*처럼
경건하다
'국수가닥 불어 터지겠다 너도 한 젓가락 먹어라.'
지켜보던 어미의 어미가 한마디 던진다
예전 그 어미도 그랬다
'그렇게 이쁘냐?
하기사 고슴도치도 지 새끼는 보드랍다더라'

아름다운 것들은 언제나 멀고, 슬프고, 하염없다
제 스스로 피어난 꽃이었으나
언젠가는 숯검댕이가 될 사랑이 아닌
어미로 가는 길
됐다 그만하면 모두 거룩하다
오늘 그 아름다운 것들이
푸른 잎이 붉게 지듯 내게도 있다

*프랑스의 작은 마을 루르드에서 어린 소녀 벨라뎃다에게 성모 마리아가 열여덟 번 발현하였다.

내 것

코 자자

아니야
까만 구름이 아니고
아직 흰 구름인데?

물가에 놀러온 구름떼 하나 집어든 어린 것
송사리 휘저으며
뭐라 뭐라 종종거린다

세상 무어가 이보다 눈 부실까

아직은 내 것
내 이쁜 시

너, 내 봄

아이고,
내 새끼
내 강아지

할머나,
나 강아지 아니야
나, 준이야

그래, 그래
너는 내 봄이다

동생이 생겼다

성탄 전야
구유에 누우신 아기 예수

준아,
오늘 예수님이 태어나셨어

와,
그럼 예수님이 내 동생이네

저녁 우화 1

할머니,
따라 해봐
에프 유 엘 엘 엠 오 오 엔
저 크고 동그란 달이 풀문이야

아이야,
내겐 네가 풀문이다
너 태어난 유월 그 날 밤하늘에도
저렇게 밝은 달이 착하게 숨어 있었단다

하늘도
달도 만삭

달을 보지 말아라 하던
스승의 말에도
나는 올드 문이다

저녁 우화 2

아이가 제 집으로 간다

잘 가 준아,
할머니가 네 꿈속으로 갈게

곰곰하던 아이
근데, 난 꿈속으로 갈 줄 모르는데

까만 구름이 웃는다

하찌 사랑

다섯 살 준이
치과 의자에 하찌가 눕자
앙 앙 운다
하찌 무서우니 가서 손잡아줘야 한다고
기어이
내내 하찌 손 쥐고 옆에 서있었다
저도 무서운지 고개를 모로 돌리고

할랑이

할아버지 꾸벅꾸벅 조는
손바닥만한 겨울 햇볕에
꽃자리 벙근다
흑수정 깜박이며
하얀 젖니 반짝이는 아이야
보았니?
너 넘어질 때
너 칭얼거릴 때
번쩍 안아 올리는
너와 똑 닮은
수호천사

꽃걸음 걷는
옆 집 아이는 하랑이
울 아이는 할랑이

*하랑이 : 하느님의 사랑이라는 의미의 이름.
*할랑이 : 할아버지의 사랑이라는 의미의 애칭.

|평설|

사막을 건너는 맨발의 순례자

- 임해원 시집 『황홀한 내통』

김 종
(시인, 화가, 서예가)

사물과의 소통에서 자신의 존재성을 언어세계에 풀어놓고 의미 짓는 일을 문학이라고 할 수 있다. 임해원 시인은 언어의 망루에 올라 세상을 향해 긍휼의 시선을 보내는 사려 깊은 시인이다. 그리고 자신의 언어적 개입으로 세상의 사물들이 새로운 모습으로 거듭나게 하고자 혼신의 힘을 쏟는다. 목표하는 바에 성공한다면 시인에게 이보다 더 행복한 일은 없을 것이다.

"시의 얼굴로 와준 그대들"을 사랑한다

그런 의미에서 시인은 일찌감치 언어를 통한 권력자 내지는 제2의 창조주라는 칭예까지도 유감없이 부여된 존재다. 어찌 시인을 두고 이 같은 무엄한(?) 수식에 동의할 것인가. 시인이 언어를 최초로 사용하는 일을, 시인만의 전유물처럼 인식하는 것도 시인의 언어사용에

대한 존재성 때문이다. 이번 작품집을 통해 임해원시인에게는 이 같은 능력들이 여느 시인들보다 두드러진 특징인 것을 살필 수 있었다. 우선 그에게는 시적 사유가 웅숭깊다. 사막에서 찾아내는 연둣빛 언어들이 치밀하면서도 신중하고 생신하다. 그래서인지 그의 작품을 대하면 이에 훈련된 독자라도 바른 이해에 도달하기 위해 반복해서 들여다볼 때가 많다. 임해원시인의 언어 부림이 남다르다는 얘기다. 독자는 시인이 의도한 지점에 도달하면 피아간의 시적 합일이 이루어진다. 이 같은 입장에서 체험하게 되는 언어적 기쁨은 임해원의 시를 통해 자신만의 유다른 근원성을 대리 체험으로 이어진다고 하겠다.

임해원 시인은 '시인의 말'에서 사랑이 꼭 필요한가부터 묻고 있다. 그러면서 "붉은머리오목눈이를, 만귀정 물오리를, 눈새기꽃들을 불러내는/반가움으로 이 많은 세월을 빚지고 살았다."고 했다. 그의 이 같은 발언은 "시의 얼굴로 내게 와준 그대들"을 오래오래 사랑하겠다는 다짐과 맞물려 있다. 시인이 자연물이나 주변 사물들에 관심을 갖는 것은 오랜 기억을 통한 그리움에 터 잡은 인간적 정감 때문이다. 그런 의미에서 시인에게 시를 창작하게 해준 소재로서의 그들을, "오래오래 사랑"하는 일은 시인에게 시 쓰는 일의 시작이자 마무리일 것이다.

주변의 사물들이 이야기가 되고 빛나는 표현이 되고

그리하여 감동의 기나긴 강물로 흘러가는 언어세상에서 시인이 주변의 사물들에게 마음을 다하여 감사하고 고마워하는 일은 아무리 강조해도 지나치지가 않다. 시인의 언어는 아르키메데스가 지구를 들어 올리겠다고 장담할 때의 지렛대와 받침에 해당하는 도구의 의미도 함께 갖는 것이다. 그만큼 언어는 시인에게 시적 권능을 부여하는 거의 절대적인 수단인 때문이다.

시인에게 언어는 비로소 세상의 모든 것들과 대화하고 소통하고 또 다른 세계를 만들어서 보여주는 능력자의 길에 나아가는 질료이자 통로이다. 그러니 언어가 소거消去된다면 시인이 무슨 수로 자신의 재능대로 사물을 불러내고 변화시키고 재창조하여 노래할 수 있겠는가. 시 쓰는 일이 언어를 통한 새로운 세계의 화학작용이며 이를 통한 표현의 사통팔달이 시인에게 주어진 언어적 절대성이라 하여 무리는 아닐 것이다. 그런 의미에서 임해원 시인의 언어는 세상을 어루만지고 염려하는 긍휼의 정서가 시적 심연에 흐르고 있다.

숲은 현자賢者다
그가 무안해 할까봐 나도 마냥 흔들렸다
캄캄한 혼잣말에 물든 그를
누구는 징역소라 읽고
누구는 노래의 검은 흉터라 쓴다

맨날

자기만 들여다보는 말더듬이들
나무를 껴안고 혼잣말을 다 비우지 못 한다
하여
나, 귀 기울이네
됐다,
이제 됐다,
다만 견뎌낼 뿐

숲은 너그럽다
맨발로 사막을 건너던 성녀처럼
날마다
세상의 큰 꽃, 노을이더라

-「숲 – 고해소1」

연작으로 쓰인 임해원의 「숲- 고해소」는 임해원 시인의 시적 역량을 재는 시금석의 의미가 담겨있다고 생각한다. 「숲 – 고해소1」은 시작부터 숲에 들어선 울울창창한 나무들이 마치나 고해소에서 고해의 순서를 기다리는 사람들처럼 "숲은 현자"라는 단언 아래 여러 형용으로 드러난다. 숲을 두고 상처의 이미지를 떠올리는 것부터가 그 같은 일의 한 반응이며 화자는 상대의 입장을 감안하여 "그가 무안해 할까봐 나도 마냥 흔들렸다"고 했다. 역지사지이거나 상대와의 일체감을 그리 표현한 것으로 여겨지는 이 부분이 임해원 시인이 지닌 남다른 자기 긍휼의 모습이 아닌가 싶다.

임해원 시인이 생각하는 숲의 발화는 늘 '캄캄한 혼잣말'에서 시작하는데 이는 오랜 신앙생활에 연유한 임해원 시인의 영혼의 고백 같은 자신만의 시적 '고해'를 이리 표현한 것으로 보인다. 그리고 시적 모티브가 된 사물들은 선험적으로 다가와서 때로는 역사의 시간으로도 제시되고 때로는 그리움의 지평선을 응시하는 단독자의 모습으로도 드러난다. 이는 삶의 보편적 가치들에 고백의 형식으로 다가서서 주변의 사물들을 통찰하고 탐색하고 종횡무진 횡단하는 마음의 풍경과 고해의 언어들로 이어진다. 이를테면 임해원 시인의 자기 고해의 성소로서의 숲은 나무들에 내장된 여러 서정적인 주제들을 시인의 입장에서 통섭하거나 관찰하면서 시인 특유의 상상력으로 교감해 갔다는 의미이다.

사물에는 저마다 그에 따른 비의秘意가 담겨있다. 사랑의 재생과 이별의 초월에는 상상력을 매개한 여러 현상들 또한 함께한다. 그리고 사물의 이면에 숨 쉬고 있는 삶의 여러 국면들을 특유의 시선으로 표현하거나 노래한다. 그러면서 창조적 범주를 개성 있게 설정한 가장 근원적인 것들과의 접근이 시도된다. 이는 때로는 상상적 몽환을 드러내기도 하고 정서적 몰입과 공감을 자기 긍휼의 시선으로 펼쳐내기도 한다.

긍휼의 언어에 들어서면 임해원 시인은 여전히 온유한 자기적 시선과 체온의 소유자라는 점에서 반성적 사유를 읽을 수 있다. 그리고 부단히 자신만의 표정을 서정화하면서 우리가 여러 사물들을 살펴서 노래했던 이면의 흐름이 보이지 않는 강물처럼 조용조용한 목소리로 시적 잠언들을 풀어내고 있다. 이러한 잠언들이 그의 시가 함유한 의미 확장 내지는 문제의식으로 다가오는 것은 당연하다. 그리고 이 같은 임해원 시인의 시적 순례에는 일종의 자기 확인 같은 메시지가 읽히는 것을 볼 수 있다. 그런 의미에서 임해원의 시가 갖는 반복적인 상상의 변주는 이를 통한 언어적 표정과 눈빛과 특성적 사유를 독서하여 살필 수 있을 것이다.

죄 없는 죄책감들이 서로를 원망하며

통상적 의미에서 '고해소'는 숲의 현상적 군집을 다중으로 표현하여 성소적聖所的 의미를 상상의 대화로 치환해 간다. 그렇게 함으로써 숲의 존재론적 의미를 출발의 차원에서 도모되고 있다. 나무가 임립林立한 것은 인간의 운집에 비견比肩할 수 있는 흔한 현상 중의 하나이다. 그리고 이들이 또 다른 자연물과 어울리면서 우리가 생각하는 종교현장인 고해소에서나 체험했을 법한 여러 시선들을 투여하고 있다. 꾸준히 설파하면서도 서정시의 부드러운 품격을 너끈하게 간직한 임해원 시인의 언어적 덕목은 그의 시적 체질을 재는 또 다른 개성이라 할 만하다. 이 경우 '숲'은 시적 상상력의 저장소이며 이를 인간세상의 그것처럼 간직하다가 시의 진행과 추진에 하나하나 덜어내어 그의 시적 행보를 이어간다. 이는 어느 의미에서 시의 영토를 순례하는 순례자의 모습을 견인한 것으로도 이해할만 하다.

시인이 시를 창작하면서 필요한 상상력은 언어의 사역使役이란 측면에서 이해할 수 있다. '상상'은 지금, 여기가 아닌 어딘가 다른 세상에서 사유하고 행동하면서 사물에 대한 질문과 응답의 형식화에 나아간다. 거기에 '탐색'과 '응시'라는 사물의 온도를 짚어내는 시인만의 언어적 용도 또한 필요하다. 덧붙여 이들의 입체와 질감의 측면에서 때로는 '여백'도 요긴한 것임은 숨길 수 없는 일이다. 시인은 부재한 것들도 존재역存在域에 불러내어 의미를 짓곤 한다. 그리고 자신만의 형상으로 재창조하고 이의 명멸과 생성을 거듭하는 우주적 질서로 새삼 관심 갖는 것이다. 김춘수의 작품에서 확인한 바이지만 호명하는 것만으로도 사물은 존재성을 획득하게 되고 이것들이 나르시시즘적 여운이 넘실거리는 언어 세상에 또 하나의 존재가 되는 것은 화자와 청자가 동일선상에서 교유한 때문이기도 하다.

임해원 시인의 위의 작품에서 오랜만에 읽은 '현자賢者'라는 어휘가 유난히 눈길을 끈다. 기독교에서 의미하는 현자는 마태복음(2:1-13)에 등장하는 점성술의 학자들을 가리키는 것으로 이해할 수 있다. 그러나 근현대 문학작품에 보이는 현자는 판타지 소설이나 게임 등의 허구적 세계에서 자주 등장하는 인물이며 종종 주인공(용서 등)에게 조언을 하는 마법사의 역할도 감당하고 있다.

고대 그리스에는 7현인이 있었다고 한다. 그런데 이들이 전하는 유명한 일화로는 '지혜 가늠'을 들 수 있다. 바다 속에 가라앉아 있다가 우연히 발견된 대장장이의 신 헤파이스토스가 만든 황금 솥을 둘러싸고 코스와 미레토스 사이에서 전쟁이 벌어졌고 이로 인해 많은 사상자가 발생하였다. 그들은 "과거, 현재, 미래를 지혜로 적시는 자"에게 솥이 돌아갈 때까지는 양국의 전쟁은 끝나지 않으리라는 델포이의 신탁에 따라 당시 현자로 이름이 난 탈레스에게 솥을 권하게 된다. 허지만 그는 자신에게는 어울리지 않는다며 다른 현자에게 양보하고 만다. 다른 현자들 역시 자신에게는 맞지 않는다며 사양하는 형편이었고 서로가 그리 사양하는 사이에 솥은 탈레스에게로 되돌아오게 된다. 결국 탈레스는 이 황금 솥을 아폴론에게 봉납했고 델포이에서 신탁을 전하는 퓨티아(무녀)는 이후 이 솥에 앉아서 신탁을 말하게 되었다는 것이다.

'고해소告解所'란 세례 받은 신자가 지은 죄를 뉘우치고 신부를 통하여 하느님께 고백하여 용서 받는 소위 고해성사告解聖事의 장소를 이르는 말이다. 그리 보면 숲을 고해소라고 호명한 시인의 의중 또한 다기하고 웅숭깊다는 생각이 읽힌다.

연두 따라 오르는 물소리, 새소리, 벌레소리
아이 보채는 소리, 투덜거리는 소리
온갖 소리가 어울려있는 거대한 침묵, 깊은 바다

죄 없는 죄책감들이 서로를 원망하며
쓸쓸함의 정겨움을 알아차리던 혼잣말들
나, 귀 기울이네
그 또한 다른 나의 이름이기에
무릎보다 마음이 먼저 꺾이던 날들
울 힘이 없는 그대 울어 주리라

흙터에 새로 피는 잎은 없다
마파람에 누울 듯 버티던 푸른 의문들
성긴 어둠을 지켜내듯 더 높은 곳에 새 순을 틔운다

숲, 타인의
한 번도 잡아주지 못했던 여윈 손을 잡아주는 거기

-「숲, 고해소 2」

「숲, 고해소 2」는 "연두 따라 오르는 물소리, 새소리, 벌레소리/아이 보채는 소리, 투덜거리는 소리" 온갖 소리가 거대 바다 같은 숲의 침묵 속에 저장되어 있다. 그런데 작품에서 읽은 죄 없는 죄책감으로 서로를 원망한다는 말은 "쓸쓸함과 정겨움"에서 촉발된 상대에의 '혼잣말'을 그리 표현했다고 여겨진다.

"무릎보다 마음이 먼저 꺾이던 날들"

그럼에도 화자는 귀를 기울여 '다른 나의 이름'을 기다리며 "무릎보다 마음이 먼저 꺾이던 날들"을 떠올리고 울 수조차 없었던 '그대'를 대신해서 울어 준다고 했다. "한 번도 잡아주지 못했던 여윈 손을 잡아주는" 것처럼 시인의 긍휼의 마음이 잘 드러난 경우도 드물 것이다.

나무를 쓰다듬자 혼잣말에 지친 이파리들이
우수수, 쏟아지네
한숨 자국 선명한 나이테 안에
다 담아내지 못한 나무 뒤에 캄캄하게 서있는 말들은
산 자들의 마을을 기웃거리던 바람
풀들이 구름처럼 일어서는 이 몽유의 높이를
저 가늠 못한 바깥을 손짓하며 늘 그 길로 오네

아직 어두우나
숲의 언어는 동이 튼다고 쓰여 있어
오래 망설였을 거야
숲이 깨어나네
책장 넘기듯 가슴이 뛰네
저녁 못물을 지켜보듯
죄가 그리워지는 황혼 어른댈 녘까지 예서 머물겠네

-「숲, 고해소 3」

「숲, 고해소 3」에서 우리가 마주친 것은 우수수 쏟아지는 '지친 이파리'들의 혼잣말이다. 고독을 씹으며 외로이 서있넌 나무는 화자가 쓰다듬자 기다렸다는 듯 자기 말을 들어달라고, 혼잣말을 이파리처럼 우수수 쏟아낸다. 그런 때문인가 나이테 안에는 한숨자국 또한 선명하다. 거기에 모두를 담아내지 못하여 "나무 뒤에 캄캄하게 서있는 말들은" 일면 누군가에게 말을 털어놓기 위해서 "산 자들의 마을을 기웃거리던 바람"이기도 했을 것이다. 거기에서 화자가 마음으로부터의 깨우침을 읽어낸 것은 '구름처럼 일어서는' 풀들의 몽유의 높이에 연유한다.

대저 환상성이 가미된 "죄가 그리워지는 황혼"은 어딘가에 돌아가고 싶은 시간이었을지 모른다. 그런데도 "어른댈 녘까지 예서 머물겠"다는 작품 속의 표현은 다분히 반어적 어감으로 읽힌다. 외롭다는 것 또한 기다리는 것이고 기다리는 것은 상대를 향한 약속함의 또 다른 표현이라는 것도 우리가 이 작품을 독서하면서 살필 수 있는 의미항이었다. 그러나 "숲의 언어는 동이 튼다고 쓰여 있"거나 "책장 넘기듯 가슴이 뛰네" 의 표현처럼 화자의 가슴에는 여전히 '저녁 뭇물'같은 희망이 터잡고 있음을 볼 수 있다.

아침을 데리고 온
꽁지가 붉은 새를 내 갈피에 넣는다
입술을 동그랗게 오므리고 나를 열댓 바퀴쯤 돌고 간

그 새가 나뭇가지 하나면 잠드는 것이 충분하다고 일러주네
내 피가 순해지고
그의 왼 손을 내 오른 손으로 잡고 걷던 길
누군가 불러준 휘파람이 있고
누군가에게 불러준 휘파람이 있어
그러다, 그러다 못 만나고 돌아간 마음이 있다
나무에 그 새가 앉듯 내 어깨도 내어주려다
문득, 풍뎅이 여섯 발을 미움 없이 부러뜨린
유년의 기억은 택도 없지, 접는다

가쁜 숨으로 가뿐히 날아가는 새를 보며
울컥, 고개 드는 하늘나리
쌓일 곳을 찾던 혼잣말들이 숨어들고
세상은 멀리서 두근거리기 시작한다

-「숲, 고해소 4」

「숲, 고해소 4」에서 우리는 "유년의 기억은 택도 없"다며 미움 없이 부러뜨린 "풍뎅이 여섯 발"을 기억하는 화자를 만나게 된다. 이것이 시인이 「숲, 고해소 2」에서 밝힌 "죄 없는 죄의식"일지 모른다. 죄인 줄 모르고 풍뎅이의 발을 미움 없이 부러뜨린 것은 풍뎅이도 아픔을 느낄 것이라는 것을 모르는 무지의 소치였다. 우리 또한 일상에서 그래서는 안 될 일을 마치나 게 발을 끊어내듯 아무 생각 없이 무감각적으로 절단하는 일을 자각하고서 소스라치게 중지하는 경우가 있다.

이 같은 일은 성인이 된 뒤에도 지은 죄가 없는데도 불구하고 항상 뇌리를 떠나지 않는 죄의식의 원초적 본능이 흐른다는 증거이다. 그리고 "나무에 그 새가 앉듯 내 어깨도 내어주려다" 며 이내 "누군가에게 불러준 휘파람"을 "못 만나고 돌아간 마음"처럼 들려주는 화자의 뒷자리엔 왠지 모를 쓸쓸함이 김 서려 있다.

작품은 시작부터 "아침을 데리고 온/꽁지가 붉은 새를 내 갈피에 넣"었다고 했다. 이어서 동그랗게 오므린 입술로 "나를 열댓바퀴쯤" 돌아 나와 나뭇가지에서 잠이 든 새들을 보여준다. 그러면서 "내 피가 순해지고" "누군가 불러준 휘파람"에다 "그의 왼손을 내 오른 손으로 잡고 걷던 길"이 존재한다는 전제하에 "그러다 그러다 못 만나고 돌아간 마음"이 누군가를 향하여 휘파람을 불어준다.

그러면서 가쁜 숨을 몰아쉬며 "고개 드는 하늘나리"는 혼잣말에 숨어들고 두근거리는 맥박소리와 함께 새를 날리는 숲을 보여준다. 그리고 숨을 곳을 찾아가는 새를 보듯 화자는 "울컥, 고개 드는 하늘나리"를 생각하는 성소로서의 숲을 넘어서고 있다. 여기서도 화자는 "세상은 멀리서 두근거리기 시작한다"로 시를 마무리한다. 그러면서 "아침을 데리고 온/꽁지가 붉은 새"의 처음과 대구를 이루면서 내일은 내일의 태양이 뜬다는 희망을 노래하고 있다.

가을은 산굼부리 갈대숲에 서있었다
바닷바람 앞에서 서두른 그들의 춤은 탈출이었다
기진한 그들이 분화구 언덕을 수의처럼 덮었다
세상 뒤 쪽에서, 더 뒤 쪽으로 숲을 밟고 건너갔다
오래 숨어있어 파래진 얼굴 산도라지도 따라갔다

생각이 많은 것들은 고요가 깊었다
찬바람에도 수천의 얼굴이 함께 누웠고
수천의 얼굴이 함께 어두워졌다
이 언덕이 이렇게 빛나는 한 때를 가졌다는 게
가슴에 더운 피를 돌게 해
구멍 숭숭한 돌들 사이에 다시 깨어나지 않아도 좋았다
바람에 맞서는 그들의 춤은
마구, 또 일어나 적막을 덮는다
더 이상 젊지 않음을 알아차린 가을
갈대숲 은비늘에 찔린 서녘하늘을 감싸 안는다

-「숲, 고해소 5」

여기에 와서 우리는 '그들'의 실체적 형상을 들추는 일은 무의미하다고 생각한다. 이유는 그들이야말로 이미 분화구 언덕을 수의처럼 뒤덮기도 했고 세상 더 뒤 쪽으로 숲을 밟고 건너가기도 했었음에 연유한다. 겸하여 삽화적 풍경으로 보인 "파래진 얼굴 산도라지도 따라갔다"에 이르면 화자의 시적 여유가 얼마만큼 미만한가를 읽을 수 있다.

더운 피를 돌게 할 만큼 '빛나는 한 때'

시인이 전제하기로 "생각이 많은 것들은 고요가 깊"다고 하였다. 그러면서 '수천의 얼굴'은 찬바람에도 함께 눕기도 했고 어두워지는 고요 속에 '구멍 숭숭 뚫린 돌들 사이에서' 더운 피를 돌게 하기도 했다는 것이다.

여러 이미지로 파생된 작품 속의 '그들'은 일차적으로는 '숲'이라는 덩어리 속에 무리 지어 서 있는 여러 종류의 나무들일 수 있겠다. 그리고 이들은 하나의 운명을 소지한 듯 함께 눕고 함께 어두워지는 운명적 풍경을 되풀이한다. 그 숲의 시간에는 더운 피를 돌게 할 만큼 '빛나는 한 때'도 있었고 은비늘에 찔린 서녘하늘을 감싸 안는 갈대숲도 있었다.

허나 마구 일어나 춤을 추는 바람에 맞서기도 했고 깨어나지 않아도 좋을 적막으로 잠기기도 했었던 것이다. 작품 속의 '산굼부리'는 분화구를 의미하는 제주 방언이다. 제주도 전체가 하나의 화산섬이라는 사실은 통상적으로 널리 알려진 사실이다. 그리고 전지적 시점으로 접근해 간 작품의 언술에는 염려와 위로의 언어들이 작품이 지닌 표정과 체질처럼 걸쳐져 있다. 작품은 "또 일어나 적막을 덮는", '그들'의 춤은 "구멍 숭숭한 돌들 사이에 다시 깨어나"는 것과 상관없이 "가슴에 더운 피를 돌게" 하면서 '바람에 맞서는' 일이기도 했다. 산굼부리 갈대숲에 펼쳐진 가을이 바닷바람에 무언가를 서두르는 듯 '그들의 춤은 탈출'이라는 사실을 보여주기에 이른다.

제주 4·3사건을 은유한 「숲, 고해소 5」는 "갈대숲 은비늘에 찔린 서녘하늘을 감싸 안는다"는 마무리 시구로 희생자들과 피해자들에게 바치는 위로와 씻김의 기능을 지닌 작품이라 하겠다. 지금은 억새숲으로 유명하지만 산굼부리 역시 토벌대와 무장대의 교전지였기 때문에 수많은 희생자가 발생한 아픔의 장소였다.

거듭되지만 나무가 사람인 것은 항용 대하는 익숙한 은유 중의 하나이다. 그런가하면 '숲'은 정글의 원리를 가르치는 인간사회와도 마찬가지인 거대 현장으로 풀이된다. '정글'은 큰나무들이 빽빽하게 들어선 깊은 숲을 이르는데 거기에는 곤충류가 걸려드는 거미줄도 쳐져있고 징그러운 파충류의 울음소리도 들리고 녹색생명을 식혀주는 숲바람 가득 살랑이는 생명의 대향연 또한 펼쳐지는, 생사가 끊임없이 샘솟는 숨 가쁜 현장이다. 임해원은 그것들을 하나의 의미항에 끌어들여 삼라만상의 고해소라 이름 붙인 듯 하고 보다 면밀한 관찰을 연작 형식으로 뽑아낸 것으로 이해된다.

나무야
네 젖가슴 어디 있니?

버들강아지 몇 놈
연두 물살에 얼굴을 묻고

아슴아슴
눈웃음 친다

-「입춘」

나무는 젖가슴이 어디 있냐고 묻는 「입춘」은 세상만물이 파릇파릇 깨어나는 양춘가절이 어디에서 시작되는가를 간접화법으로 발언하는 작품이다. 전혀 엉뚱하게도 나무에게 젖가슴을 묻는 것은 시인만의 발상이 엉뚱하면서도 새롭다는 의미이기도 할 것이다. 그리고 봄을 알리는 "버들강아지 몇 놈"은 계절의 전령과도 같은 것, 이 판국에 밀어닥칠 연두 물살은 시적 풍경의 필연이지만 그들을 밀쳐두고 "얼굴을 묻고/아슴아슴/눈웃음"치는 형국이 되었다.

나무를 둥글게 깎아 방울처럼 만들고

대저 생물적으로 그려낸 '입춘'의 계절감이 뚝뚝 떨어지는 수채물감처럼 선명하게 되살아나고 있다. 그리고 작품에서 버들강아지 몇 놈이 세상의 연두 물살에 젖물리는 유두를 연상시키는 것은 자연스럽기도 하고 새롭기도 하고 재미있기도 하다.

지느러미 바스라지도록
푸른 비늘 훌훌 벗는 강물이고 싶다
일평생 눈감고 잠들지 못하는 그가

바라보는 하늘은
소금기 가득 목울음 차오르는 바다
바람을 물처럼 풀어놓고
다비되는 꿈에 얼굴 붉히며
햇빛 뚝 뚝 촛농 떨구듯
목어, 울다

-「목어, 날다」

"햇빛 뚝 뚝 촛농 떨구듯" 목어의 울음소리를 감각화한 「목어. 날다」는 이 작품의 창작의도를 떠나서도 표현의 탁월함을 읽을 수 있다. 하늘과 바다가 하나로 만난 곳에 목어를 걸어놓고 "소금기 가득" 차오르는 목울음을 듣는 화자는 상상만으로도 이채롭다. 이 자리에 배경처럼 풀어놓은 바람을 물처럼 감각하는 것을 하나하나 그려가다 보면 홍조를 띠듯 얼굴 붉힌 낙조는 흡사 다비茶毘되는 일이 꿈의 현장이라는 의미를 읽게 된다. 이 작품은 상징이나 언어의 포함관계가 상당히 중층적이라는데 우리의 독법은 면밀해질 수밖에 없다.

목어란 나무를 잉어모양으로 만들어 매달아 불사佛事를 시행할 때에 사람들을 모이게 하려고 두드려 소리를 내는 기구를 이른다. 나무를 둥글게 깎아 속을 파서 방울처럼 만들고 고리모양의 손잡이를 달아 머리 부분은 용두의 형상으로 크게 벌린 입속에는 위용의 상징인 귀치鬼齒가, 그리고 용맹의 상징인 용의 갈기와 장수의 상징인 긴 수염을 하고 만사형통을 의미하는 여의주를 입에 물고 있다. 그리고 머리에는 외뿔, 쌍뿔이 있는 괴이한 용두龍頭로 용도 아니고 물고기도 아닌 상상 속 동물이다.

범종각에 설치된 목어는 수중의 모든 고혼을 구제한다는 의미로 예불이나 의식, 식사시간을 알리는데 사용한다. 해울림으로 지옥에 빠진 중생을 구한다는 범종과, 두드려서 내는 조화의 소리로 육지의 발 달린 짐승을 구제한다는 법고, 맑고 은은한 소리를 내 하늘을 나는 짐승을 구제한다는 운판 등과 함께 사물四物의 하나로 치는 것이다.

작품에서 읽히는 '다비'란 '불에 태운다'는 의미이다. 이는 시체를 화장하는 일체의 행위를 말하는 것이며 육신을 원래 이루어진 곳으로 돌려보낸다는 의미가 있다고 한다. 이 의식은 죽음은 영원히 없어지는 것이 아니라 살아서 지은 업력業力에 따라서 변한다는 것이라는 불교적 교설과 선업에 기초하며 이를 잘 닦아야 극락왕생할 수 있다는 불교의 생사관에 입각한 장례절차로 우리나라에서는 불교 전래 이후 이날까지 꾸준히 행해지고 있다.

전투마馬가 다리를 구부리고 앉거나 누워서 휴식하지 못하듯 물고기에게도 눈 감고 잠드는 시간은 정녕 상상할 수 없었다. 그런 물고기가 하늘을 나는 일은 강물이 되어 그의 하늘인 바다로 돌아가는 일일 것이다. 바다로 돌아가야 그의 다비식이 완결 되는 것이며 여기에 목어의 해탈을 꿈꾸는 화자의 염원이 스미듯이 전해온다.

마음 수그리면 결이 보인다
봄 내내 노루귀꽃 피우다 온
물결의 부유는 가상하다
제 스스로를 보여줄 줄 아는
해 들자 그림자 걷는 소리
바람 불자 그림자 뛰는 소리
낮은 데로
더 낮은 데로
온 몸을 흘려보낸 후에야 가벼워지는 계곡
홀로 어두워져 적막을 헤이고 있다

가을 그치면
그림자 찾으러 가야겠다

-「물에 이르다」

가을걷이를 하는 시골에 가면 붉은 물이 들어있는 나무들 곁에 양탄자 같은 산기슭 여기저기에 세워진 깻단을 볼 수 있다. 마찬가지로 위의 작품 「물에 이르다」에는 '해 들자' 그림자 걷는 소리가 있고 바람 불자 그림자 뛰는 소리가 제 스스로를 보여준다고 했다. 그리고 "낮은 데로 더 낮은 데로" "온몸을 흘려보낸 후에야" 몸 가벼워진 긴 몸의 '계곡'이 홀로 어두워지고 홀로 적막을 헤이고 있다는 표현에서 "마음 수그리면 결이 보인다"던 화자의 심경이나 언어적 수준을 들여다보게 한다.

봄철 내내 ""노루귀를 피우다 온" 계절이란 물결의 부유를 운반한 시간의 이동을 그리 표현한 말이었을 것이다. 그걸 화자는 '가상하다'고 했고 그럼에도 겨우내 무거워진 몸을 움직여 "제 그림자를 보여"주기엔 많이 힘들었을 것이라는 화자의 염려가 읽힌다. 그러면서 천신만고 끝에 노루귀를 화사하게 피워내는 봄이라는 계절이 시인의 눈에는 그저 가상하고 고맙게 여겨졌던 것이다.

그런 다음 이 작품을 차례로 읽어가자면 올이 풀린 양탄자처럼 온 들이 자연스럽게 품을 열어 여러 풍경을 보여 주기에 이른다. 그게 바로 해가 들면 그림자는 걷히는 것이고 바람이 불면 널뛰는 그림자가 몸 가벼워진 다음에야 제 몸을 제대로 보여주는 계곡과 마찬가지임을 보여주는 대목이다. 이제 어두워진 자리에서 홀로 적막을 헤이는 화자는 다시금 그림자 드리운 세상에 나아가 큰대자로 맘 편히 드러누울 것이다. 가을이 그치면 그림자를 찾으러 가야겠다는 화자의 생각은 그래서 밤나무 아래에서 알밤을 줍겠다는 것과 마찬가지의 수확에 대한 기대를 보이는 모습과 좋은 대비를 이루고 있다.

수 천 개의 물방울들이
끝 모를 고요보다

오체투지의 티벳 성자보다
더 낮게 에돌아 에돌아 흐른다

어딘가에 닿아 그 이름을 잃을 때까지
나는 푸른 너울에도 바람이고 싶었다
거슬러 오르지 못한 것들
버리고 보태도 감춰지지 않는 것들
어서 오라
어서 오라
약속처럼 기슭 어디쯤을 저무는 꽃그늘을 휘감고
훠이 훠이
바람 난 새울음을 불러 모으는 일몰은 타고
어찌하나
어찌하나
내 볼 붉은 동지冬至도 동백 불 밝힌 애가 탔다네

마음은 천(千)이라서
먹물처럼 가라앉은 산길의 무덤 같은
파시의 어둠에 등을 기대고
후 후
담뱃불을 태우는 노인처럼 지워지던 발걸음
가풀막길*, 이제는 돌아갈까 힐끗 돌아보면
수차를 돌리는 사내의 벗은 등에
허옇게 갈라지는 소금밭이 눈 부셔
아슬하게 비켜가는 고빗길을 어딜 가느냐 바잡는다

그대, 참 많이 걸었다
어머니 쪽빛 옷고름을 풀어 놓은 듯
아득한 저 길을 강이라 부르다가
섬을 끌어안는 이 길을
나는 바다라고 부르겠네.

-「저 길을 강이라 부르다가」

지나갈 수 있게 땅위에 낸 일정한 너비의 공간을 '길'이라 하는데 물 위나 공중에 일정하게 다니는 곳, 또는 걷거나 탈것으로 어느 곳까지 가는 노정 등도 함께 포함하는 말이다. 그뿐인가. 시간의 흐름에 따라 개인의 삶이나 사회적 역사적 발전 따위가 전개되는 과정 또는 사람이 살아가거나 사회가 발전해 가는 데에 지향하는 방향이나 지침, 목적, 전문분야, 신분으로서 주어진 도리나 임무, 방법이나 수단 등도 '길'이라는 범주로 이해하는 말이다. 이처럼 '길'은 그것을 겨냥한 의미적 갈래가 많아서 오가는 통로를 의미하는 것에서 시적 상상으로 들춘 '길'의 의미까지 자유로이 소통하는 여러 상징물을 의미하기에 충분하다는 생각이다.

"그 이름 잃을 때까지" 바람이고 싶었다

그럼에도 아우르고 감싸야 할 것들을 하나로 흐르게 하는 자리에 "수천 개의 물방울들"이 등장하고 측량할 수 없는 '고요'보다 더 낮게 에돌아 흐르는 강물이 화자가 내민 '길'의 의미인 것을 읽을 수 있다. 여기에서의 강물은 겸손하기도 하여 "오체투지의 티벳 성자"라고까지 표현되어 있다. 어디엔가 닿을 '푸른 너울에도' "그 이름을 잃을 때까지" 바람이고 싶었다는 화자의 고백은 일탈로 방황하던 자리에서도 나침판처럼 놓인 지시적 의미가 바로 '길'이었음을 말하는 것은 아니었을까.

거슬러 오르려고 하면 버리고 보태면서 감춰지지 않는 것들까지 길을 따라 '어서 오라'고 손쳐 부르던 일이었음 또한 만날 수 있었다. 그리고 이를 잠시 접고 날 저무는 석양녘에 자꾸만 지저귀는 "바람난 새울음"을 불쏘시개 삼아 타오르는 일몰. 그것들을 '어찌하나'를 연발하며 조바심 대는 화자의 모습에는 일종의 안타까움 같은 것이 김 서려 있다. 그러면서 '동지'와 '동백'이라는 발음의 유사성으로 붉은 빛깔을 애가 탄 화자에 비견한 것은 그 표현의 조합이나 밀도에 비추어 절묘하다는 생각이다.

여기에서 '길'은 추구하는 최상의 가치를 여러 갈래로 이르는 말 같기도 하다. 그리고 먹물처럼 가라앉은 무덤 같은 어둠이나 파시에 젖어든 등 기대어 쉬고 싶은 노인네의 시간에는 담뱃불을 등불 삼아 어둠을 열어가며 발걸음을 옮겼음직하다. '고빗길'을 아슬하게 비켜가는 자리에는 허옇게 갈라지는 눈부신 소금밭이 있었다. 그리고는 벗은 등에 허공 어딘가로 수차를 돌리는 사내가 등장한다. 여기에 오기까지 "어머니 쪽빛 옷고름을 풀어 놓은 듯" 저 아득하게 늘어선 '길'은 여러 굽이를 이루어 '상'이라 부르는 화자에게로 이어졌던 것이다. 여기에서 섬은 '길'을 끌어안은 시인 자신에 진배없겠다. 그리고 복합적인 의미의 한자리에 쓸어안고 '바다'라고 부르겠다는 길을 만난다. 이 작품에서 읽히는 길의 의미는 이처럼 흐르거나 뻗어나간 것들 모두가 이에 수렴되는 것이며 가치의 차원에서 가장 다기多岐하면서도 좋은 것은 '물'이라는 '상선약수上善若水'의 정신성까지를 목표하는 것은 아니었을까.

사는 일이 왜 이러냐고 중얼거려도
저 모퉁이 늙은 바위들은
무어라 말을 건네지 않습니다
아예 답은 없다는 듯, 비밀을 캐내려는
어리석음을 몇 겹 무게로 눌러옵니다
굽은 길 위를 배회하는 바람이며
헤매다 돌아오는 먼 골짜기까지
메아리도 핼쑥합니다.
터벅터벅 절에 나다를 무렵 달이 뜨더니
산길 하나 술 취한
불목하니 손을 잡고 비틀비틀 걸어옵니다.
절집 넉넉한 고요 속에
숭얼숭얼 피어난 불두화 겹겹
늦은 뉘우침이 꽃 지듯 아파옵니다
가는 곳이 길이려니

노스님
흐르는 약수 바가지에 몇 글자 띄웁니다
水
流
去

-「개심사 저물녘은 어디로 가시는가」

'개심사開心寺'는 충남의 서산 상왕산에 위치한 사찰이란 주석을 달고 있다. 이곳에서 물길을 열어가듯 마음 또한 열었던 화자가 어둠 속의 불빛 같은 진리를 훈육의 의미로 노래한 작품이 「개심사 저물녘은 어디로 가시는가」이다. 배경이나 제목의 구성 때문인지 문득 '달마가 동쪽으로 간 까닭은?'이 떠오른 것은 전혀 엉뚱한 상상만은 아닐 것이다. 이 작품에는 분명 선문답 같은 임해원 시인만의 화법이 있고 시작부터 이 작품은 사는 일의 각다분함은 물론 제아무리 중얼거려도 이 많은 세월은 좀체 입 열게 할 수 없다는 "저 모퉁이의 늙은 바위들"의 침묵을 담아내고 있다.

바위는 "아예 답이 없다는 듯" 그 비밀한 어리석음을 짓누르며 몇 겁 무게로 지즐러 앉아 굽은 길 위의 저물녘을 지키고 있다. 방황의 시간으로 배회하는 바람하며 헤매다 돌아오는 먼 골짜기의 메아리하며 달이 뜰 무렵 "터벅터벅 절에 다다"랐다는 화자의 혼잣말 하며… 이들은 하나로 뭉뚱거려 '동시적同時的 사물'로 읽을 만하다.

"흐름이 길이고 흐름이 진리"란 깨우침을 돈오처럼 전달 받은 개심사開心寺의 저물녘은 화자에게는 "가는 곳이 길이려니"하면서도 '늦은 뉘우침'에 "꽃 지듯 아픈" 방황을 거듭하고 있다. 그리고 이 자리에는 노스님의 시간도 함께하면서 세상사 온갖 번뇌를 "절집 넉넉한 고요 속에" 감추고 "숭얼숭얼 피어난 불두화 겹겹" 한 풍경을 보여주기에 이른다. 숭얼숭얼 피어난 불두화 겹겹은 인간세계에 펼친 여러 겹 자비와 번뇌를 표징하는 화엄세계를 그리 표현한 것으로 읽힌다. "물은 흘러서 가고 있다"(수류거水流去)가 의미하는 건 상선약수上善若水의 또 다른 비유가 아닌가 싶고 약수藥水 바가지에 띄워 낸 크고 마땅한 진리를 그리 표현한 것으로 읽을 수 있었다.

늦자란 쑥 냄새가 동이 트듯 맑아
배롱나무는
한 순간 황홀한 폭발을 마음 먹는다
너그러운 허공에 뿌려지는 질펀한 절창
오래 묵혀온 심장을 열어 보이는 너릿재길
숲이 깊어도 바람은 길을 잃지 않는다
가을바람처럼 사람이 보이는데
이제사
가을이 깊어지겠구나

-「너릿재길」

지금은 전설처럼 사라진 '너릿재길'을 노래한 이 작품에서 그 길을 왕래하던 시절의 사람들에겐 생생한 여러 기억들을 떠올리게 한다. 너릿재길은 광주광역시의 동구 지원동 관할 선교동과 화순읍 이십곡리를 연결하는 고개인데 무등산에서 남서쪽 수레바위산을 거쳐 지장산의 능선이 지나는 곳으로 광주와 화순을 잇는 중요한 길목이자 고개였다. 『동국여지지』에 표기된 '광현廣峴'이나 『여지도서』(화순)에는 "북쪽으로 광주와의 경계에 있는 판치板峙(널재)까지는 가는 길이 9리이다."라고 표기하고 있다.

"너그러운 허공에서 질펀한 절창"으로

무등산에서 장불재로 이어져 남쪽 수레 바위산과 소룡봉 사이에서 현재 국도 29번 국도가 통과하던 곳인데 고갯마루가 널찍하면서도 평평하다는 의미인 '너릿재'가 한자어로 옮겨지면서 판치板峙가 되었을 것으로 보인다. 많은 동학농민군이 처형되었던 비극의 현장이기도 하지만 그 일로 '널재'라고 이름 붙였다는 설 또한 존재한다. 현대사에서도 사건사고나 희생자의 사례 또한 많은 곳이고 대설이나 큰비에는 늘상 교통사고가 빈발했었다. 그리고 山도둑이 많아서 행실이 고약한 사람에게 "칼 들고 너릿재나 갈 놈"이란 말이 생길 정도였다. 현재는 터널이 두 개나 개통된 관계로 하등 넘거나 지날 일이 없어졌지만 등산을 즐기는 사람에게는 간간이 지나는 추억의 길이기도 하다.

판소리 한 대목이라도 흥얼거리며 넘을 법한 이 고개는 그 자체로도 "너그러운 허공에 뿌려지는 질펀한 절창"을 한곡 조 넘기는 고갯마루였다. '동이 트듯 맑'게 늦자란 쑥 냄새를 맡으며 걷다보면 시절에 맞춘 배롱나무의 개화가 '황홀한 폭발'처럼 한순간에 펼쳐진다. 배롱나무의 즐비한 행렬을 마음먹듯 지나는 화자에게 너릿재길은 "오래 묵혀온 심장을 열어 보이는" 일에 다름 아니었을지 모른다.

"너그러운 허공에 뿌려지는 질펀한 절창"으로 만개한 배롱나무의 꽃송이들을 표현한 것은 그자체로 절창이다. 거기에다 바쁠 것 없이 불어오는 가을바람은 '사람'을 만나면 만나는 대로 때맞춰 '가을'임을 감각하게 한다. '너릿재길'에서의 화두는 "숲이 깊어도 바람은 길을 잃지 않는다"이고 불교의 참선처럼 새삼 깨달음으로 다가오는 작품을 독서한 것이다.

성큼 오시라
붉은 몸 열어젖힌 동백길 가자
그대는
붉게 웃고만 있어라
내가 흔들리리라
한 철 꽃 피고 꽃 지던 마음
혼자걸음으로 들여다보는

나 아직 쿵쿵 뛰는 가슴이거늘
제 몸 가득한 흉터들 벙근 동백길에
물음표 거두지 못해 설레는 봄
멈춰라, 우두커니 고요
나, 동백길에 누워 숨 멎으리

-「멈춰라, 고요」

시인이 작품에서 드러내고자 한 '고요'는 시간과 공간을 함께 아우르는 복합적 이미지로 읽힌다. 바로 그 구체적인 표현이 "붉은 몸 열어젖힌 동백길"로 제시된다. 이 길은 '소리'가 소거消去된 상태로 열어젖힌 몸이, 한 철 꽃 피고 꽃 지던 자못 붉은 마음이 읽힌다. '아직 쿵쿵 뛰는 가슴'이 "혼자걸음으로 들여다" 본 '꽃 피고 꽃 지던 마음'은 화자인 시인이 직접 보여준 동백길에서의 풍광이었다. 그리고 이 길의 풍광은 그 자체로도 설렘의 현장이 아닐 수 없었다. '그대'와 '나'는 상호 정태적이기도 하고 동태적이기도 한 상대성을 보이는 때문이다. 그런가하면 "아직 쿵쿵 뛰는 가슴"을 소지한 '나'는 제 몸 가득한 흉터를 미처 거두지 못한 동백길에서 물음표를 봄의 설렘으로 바꾸고 있다. '우두커니'처럼 멈춰선 동백길의 '고요' 위에 숨이 멎을 때까지 누워있겠다는 화자를 대하면서 우리 또한 아름다움 속에서 종말을 맞고 싶은 간절한 기원 하나를 품게 된다.

'설렘'은 때로 황홀하기까지 한 동적 감정이다. 이에

따른 물음표 또한 그렇다. 그래서 질문은 언제든 상대적이거나 역동적이다. 어린아이들이 끊임없이 해대는 질문처럼 봄은 아직 질문 중이고 그래서 어린아이처럼 세상은 끝없이 설레는 중이다. 그리고 "제 몸 가득한 흉터들"이 벙근 동백길은 숨이 멎을 만큼 아프면서 아름다운 추억의 길이 된다. 수없이 많은, 그러나 거두지 못한 '물음표' 같은 일순 '고요'는 우두커니처럼 멈춰서고 말았다. '성큼 오시라'던 열어젖힌 동백길에서의 시간은 붉은 몸의 '정밀'이 '고요'로 옮겨지고 한 철 꽃 피고 지는 마음과 어울리면서 동백길에 숨 멎은 채로 누운 화자 또한 진정 우리를 잠기게 한 또 하나의 '고요'는 아니었을까.

글쎄,
어두울지 환할지 모를 그 길
하품 나는 평온일지 모를 그 길
앞서지도 뒤서지도 않게 배웅한다
손잡을 수 없는 거리에 있기에
거기 닿을 때까지 그대 보낸 엊그제
내 그리움의 몇 배쯤 내내 바람 불어
세상의 길은 사라졌으나 모든 무게 가뿐히 가렴
걸어서 닿을 수 없는 곳
걸음 없이 갈 수 있는 곳
그러다 새벽달에 풋사과 떨어지는 소리
이제야 사라졌던 길들 보일 것이니

욕망이 걷어진 몸의 적막은
그리움이 사라진 얼굴의 적막
이 길이구나, 내가 닿을 곳이 여기로구나 하렴
사랑이 네 안에서 쉬어가는 것처럼

-「산다이 1」

시인은 연작으로 창작한 「산다이 1」에서 생자와 망자의 거리를 "걸어서 닿을 수 없는 곳"이라 하였다. 이 작품이 아니어도 생자와 망자의 거리는 늘상 엄연한 거리감으로 존재한다. 무슨 수로 생자가 망자의 세계를 알아낼 것인가. 철학자들이 저승세계에 대해 갖는 공포심 내지 두려움은 불빛 하나 들여다 볼 수 없는 "완전 단절과 완전 무지"에 있다고 한다. 도대체가 저승은 어떻게 어우러진 세상이기에 피아彼我를 연결하는 불빛 하나 없이 완벽하게 차단되었단 말인가.

산자에게 저승은 수많은 상상력으로나 존재할 뿐인 가상의 세계처럼 존재한다. 그리고 이 많은 세월에 이 많은 사람들이 찾아든 곳이 '저승'이건만 어찌 이리 완전한 단절이 가능하단 말인가. 소위 여닫는 곳에서라도 불빛은 새어나오기 마련이건만 이 많은 세월이 마찬가지라는 것에서 저승세계의 완벽한 불가사의를 읽을 수 있다.

'너의 외로운 길'이 산자들의 '산다이'로

화자가 지금 그 길을 상상 중에 걸어가며 망자를 배웅하는 여러 장면들을 우리가 작품으로 읽는 중이다. 그 세상이 어찌 어두운지 환한지 '하품 나는 평온일지'를 알아갈 것인가. 그런 터라 우리는 '앞서지도 뒤서지도 않게 배웅'하는 상황인 것이다. 저승이 "손잡을 수 없는 거리"의 '거기'지만 지상에서의 여러 의식으로 그대를 보낸 엊그제의 일들은 '그리움'이 사라진 적막의 길이기도 했었다. 그리하여 세상의 길에다 '모든 무게'를 내려놓고 닿을 수 없는 그곳을 가뿐히 가라고 했을 것이다. '산다이'를 사전에는 "서남해 도서 연안지역 청춘 남녀들의 유흥적 노래판"으로 풀이하고 있다. 허지만 '초상을 치른 날 밤에 망자를 위하여' 라는 의미적 부분이 사라진 것은 의외이다. 그러나 여기에서 아이러니한 것은 걸어서 닿을 수는 없지만 '걸음 없이 갈 수 있는 곳'이란 사실이 절묘한 역설로 다가와 새삼 크나큰 느낌을 조장한다. 생각할수록 짚어낼 수 없는 이치의 세계를 적절하게 표현하고 있음이다. 임해원 시인의 탁월함이 가감 없이 읽히는 부분을 지금 우리가 이 작품을 통해 살피고 있는 것이다.

무슨 시그널처럼 "새벽달에 풋사과 떨어지는 소리"가 들리고 화자는 그제서야 "사라졌던 길들이 보일 것"이라 하였다. 그리고 욕망이 걷어진 몸에는 "그리움이 사라진 적막"이 함께하고 있다. 그제야 '돈오'처럼 걸음 없이 닿아서 머물 곳이 '이 길이로구나' '여기로구나'하는 자각이 뒤따르기에 이른다. 그러면서 절묘한 한 구절이 "사랑이 네 안에서 쉬어가는 것처럼"이라고 하였던 것이다.

「산다이 1」을 독서하고 그 뒷자리에 여운처럼 김 서린 저승세계는 정말이지 존재하는 것인가의 궁금증만으로도 이 작품을 읽는 의의는 있다고 여겨진다. 단도직입적으로 죽음 이전과 이후는 완전 단절로 존재한다. 그럼에도 이를 상호 연결하면서 생자들이 행한 의식은 사자의 다음 행보에 어느 만큼의 의미를 지닐 것인가 하는 것이다. 그런 의미에서 반세기도 넘긴 저 먼 시간에 "죽음도 생의 한 과정"이라던 어느 철학자의 강의는 지금도 귓전을 맴도는 환청처럼 쟁쟁하게 남아있다.

> 아침 아홉시의 수저 헹구는 소리도
> 오후 세시의 수런거림도
> 초저녁 여자도 그냥 웃어넘기렴
> 해 뜨고 달 이지러지고
> 세상의 모든 길이 하루처럼 저물 때
> 벌罰처럼 뜨거웠으나 한 짐이던 몸뚱이
> 직사각형의 기억*이
> 너와 눈맞아줄 나무 하나 된다면
> 뒤 돌아보지 마
> 세상의 끝이라도 뒤 돌아보지 마
> 별똥 뿌려대는 반딧불이처럼
> 너의 길이 외롭지 않게 밤새 깨어있으려니

이제
제 눈물로 몸을 씻는 자작나무 아래
꼭두새벽 바닷빛으로
아침마다 기지개 켜는 돌꽃이 되렴.

-「산다이 2」

「산다이 2」에서 우리는 또다시 임해원 시인이 생각하는 사후의 세계를 관람하고 있다. 시인은 뒤돌아보지 말고 미련 갖지 말고 새롭게 시작하라는 메시지를 여러 형태로 노래하고 있다. 필자처럼 무신론에 인박힌 사람도 간혹 저승세계에의 궁금증은 촉발되곤 한다. 하지만 그러다가 이내 흔적도 없이 잦아드는 물처럼 우리는 늘 평상심을 갖고 살아가게 된다. 이런 터에 어찌 기도가, 어찌 구원이 무의미하겠는가.

허지만 그 같은 일들은 현실과는 동떨어진 지라 못 이긴 척 살아가는 것이 우리네 삶의 모습이다. 관심을 가지려 해도 무의미한 것이 생자와 망자의 판이함인데 미련처럼 뒤돌아 보이는 "아침 아홉시의 수저 헹구는 소리", '오후 세시의 수런거림', '그냥 웃어넘길' 초저녁 여자…. 어찌 그뿐인가 해 뜨고 달 이지러지고 하루처럼 저문 '세상의 모든 길' 위에서 "뜨거웠으나 한 짐이던 몸뚱이"마저 여러 형태의 기억으로 산란散亂하고 눈 맞추던 나무 한 그루까지도 사람처럼 가감 없이 만날 수 있다. 현실에서 가졌던 그 많은 인연의 길들은 '죽음'이라는 '끈' 하나로 단일화한다. 그리 보면 "뒤 돌아보지 마"를 주문하는 화자의 심경이 자못 절실해 보인다. 그리고 그것은 생사의 한계가 얼마나 엄연한가를 한 눈에 살필 수 있는 대목이기도 하다.

'너의 외로운 길'은 생자들이 산다이로 밤을 새워가며 지켜주고 있으니 "별똥 뿌려대는 반딧불이처럼" 밤새 밝게 비추며 떠다닐 것이다. 그러니 세상 끝이라도 뒤돌아보지 말고 "제 눈물로 몸을 씻는 자작나무 아래"서 화자가 "꼭두새벽 바닷빛으로" "아침마다 기지개 켜는 돌꽃이 되"라는 당부는 간절하면서도 결곡하다.

> 모랫길은 견고했고
> 포구는 망설임을 고물에 묶는다
> 그곳은 바다를 기다리는 내 生의 역전
> 갇힌 바닷물에 서쪽 해가 잠기고
> 바다를 뚝방에 돌려준 소금이 온다
> 무엇을 잃어 하늘을 얻는 건지
> 무엇이 변하고 바다는 변하지 않는 건지
> 새들은 마른 갯벌에 물음표를 그린다
>
> 외로움은 병이 되고
> 고독은 약이 되는 백길리 바닷길은
> 한 생을 다한 순례의 길
> 어디에도 없는 그대여
> 제 눈물을 말려 파먹는 소금벌레처럼

세상의 중력에 가벼워지려거든
백길리 모래톱에 바다를 열어 볼 일이다
등짝에 뿌려지는 소름발 같은 잔모래가
썰물에 걸어 나가
밀물에 뛰어오는 그 곳에
또 다른 생의 문패 하나 달고 올 일이다.

-「소금이 온다」

작품 「소금이 온다」는 "바다를 기다리는 내 생의 역전"처럼 바다를 뚝방에 돌려준 다음에야 '소금이 온다'고 했다. 소금이 오기까지 갇힌 바닷물 아래에는 서쪽 해가 잠겼었다. 이 자리에서 새삼 생각하는 것은 인간의 의문을 대신하여 새들이 마른 갯벌에 물음표를 그리는 시간에 인간이 가진 생각은 세상은 모두가 변하는데 '바다'만 변하지 않는다는 사실에 도달하고 있다.

"한 생을 다한 순례의 길"에

말하자면 소금이 오는 것은 하늘을 얻는 것과 마찬가지라는 인식 위에 세상에 존재하는 것들은 그 어느 것 하나 변하지 않는 게 없다는 의미를 함유하고 있다. 그런데도 바다만 이 많은 세월에 불변의 시간을 이어가고 있다는 사실이며 그때 문득 "외로움은 병이 되고/고독은 약이 되는 백길리 바닷길"은 말하자면 원인과 결과를 한자리에서 내보이는 표현의 전체성을 읽을 수 있다.

"한 생을 다한 순례의 길"에 다다른 화자에겐 그러나 '어디에도 그대'는 없다고 하였다. 그리고 "제 눈물을 말려 파먹는 소금벌레처럼" 백길리 모래톱을 오르내리는 바다를 열어가다가 "밀물에 걸어 나가 썰물에 뛰어오는 그 곳"에서 "또 다른 생의 문패 하나 달고" 오겠다는 화자가 상상 중에 그려진다.

그대를 찾아 '한 생을 다한 순례'였으나 질문에 답이 없으니 '그대'가 그 어디에도 없었을 것은 불문가지. 가벼워진 세상의 중력을 받아 제 눈물을 말려 이를 파먹는 소금벌레처럼 자신의 시간을 줄이면서도 "세상의 중력이 가벼워지겠"냐는 것이다. 작품에서 읽은 소금벌레가 실재하는지는 분명치 않다. 그리고 등짝에 뿌려지면서 전율처럼 뻗쳐오르는 소름발 같은 잔모래를 읽는 일은 무엇이 이 같은 상황에 이르게 했을까 이다.

다만 "썰물에 걸어 나가/밀물에 뛰어오는 그곳에/또 다른 생의 문패 하나 달고 올 일"이라 한 화자는 소금꽃의 형성과정에 심정적 긴장을 보탠 소금이라는 물질에서 또 다른 한 생의 순수순례를 추구한 것은 아니었을까.

우르르 달려오다 멈춰 선 바다
날숨과 들숨에 몸을 섞는다
밀물을 떠나보낸 갯벌은
어두워지는 것들을

저마다 사연 하나씩 가슴에 묻는다
마냥 깊어지고 싶을 때
내 안에 그득한 것들을 거두고 싶을 때
거기까지,
거기까지만 헤매다 돌아온다
초로의 적막이 여직 꿈틀거리는 뜨거움을
싸리나무 회초리로 철썩 후려치는, 내 하누님
낮달이 앉았던 모래톱에 불덩이가 누워있다

-「백길리, 내 하누님」

「백길리, 내 하누님」은 바다가 우르르 달려오다가 멈춰선 데서 시작하는 작품이다. 썰물과 밀물은 상호 접점에서 갯벌을 경유하고 그러면서 뒤섞이고 뒤엉기고 떠나보내는 일이다. 이 자체가 '어두워지는 것들'이 지닌 '사연 하나씩'을 가슴에 묻기 위해서라고 했는데 이 같은 표현이 보여준 시적 밀도는 가히 절창이 마땅하다. '마냥 깊어지거나' '그득한 것들을 거두고 싶을 때' 그 망설이는 그쯤의 지점에서 '헤매다 돌아온다'는 레토릭은 그래서 이리 읽고 싶은 표현이 되었으리라.

시인은 작품의 한 부분으로 '초로의 적막'을 언급하고 있다. 이는 한마디로 '가을'의 은유적 표현을 그리한 것으로 여겨진다. 이를 연결하여 생의 가을여행쯤으로 떠나보자. 여기에서 보여준 시적 조사措辭에는 "여직 꿈틀거리는 뜨거움"이 자리 잡고 있다는 사실이다. 그리고는 그 뜨거움을 내려놓으라고 (어쩌면 생에 대한 욕망이나 연민에서 비롯된 뜨거움) 하누님이 싸리나무 회초리로 후려친다는 것이다.

하늘과 바다의 합일에서 오는 유장한 상상력이 이 같은 표현을 얻을 수 있었다고 생각된다. 사실 생이란 그 자체로만 보면 거대한 하나의 뜨거움일지 모른다. 그 뜨거움을 식히기 위해 이 오랜 세월을 사연 하나씩 가슴에 묻어가며 마냥 깊어지고도 싶었고 충만한 채로 거두고도 싶었을 것이다. 그리고 그 연장선상에서 "싸리나무 회초리로 철썩 후려치는" 그 순간의, 그 자리에 앉았던 낮달은 순간 불덩이로 치환된다. 낮달은 어찌 보면 그림자나 마찬가지인 사물로 표현한 것은 아니었을까.

그만큼 삶이라는 과정에서 빛과 에너지가 사라지면 단지 하나의 무늬에 불과하다는 것은 설명이 불요하다. 그리고 낮달은 주연인 해에게서 한참 비켜난 조연의 자리에 구색 맞추기로 위치한다. 그렇게 내 하누님은 나의 불덩이가 누워 있는 나의 원초적 욕망에 다름 아닌 것이다.

은유와 상상을 통한 생명성 불어넣기

임해원의 문학에는 숲과 바다가 유독 빈번한 것이 한 특징이라 할 수 있다. 그의 시가 지향한 언어적 방향성 또한 여기임은 그가 요량한 시의 탐색이 숲과 바다에서 비롯된다는 의미이기도 하다. 여하간 임해원의 문학적 문제성은 여러 부면에서 읽을 수 있겠지만 그가 열어가는 우리말을 향한 노력 또한 크게 눈여겨지는 대목이다. 그런가 하면 시적 상황에 새로운 언어적 노력을 투입한 깊은 사유에서 시를 빚고 의미 짓는다는 것 또한 그가 보인 언어행위의 하나이다. 그런가하면 시적 모티브의 제시 또한 치밀하다는 것을 시작의 한 부분으로 볼 수 있겠다. 그의 언어는 때로는 적막과 고요를 표정 짓기도 하지만 음미할수록 의미적 궁극성은 가열차기만 하다. 이 같은 것들은 우리가 지금까지 독서한 여느 시인들과 유다른 임해원만의 시적 개성이라 할 것이며 그가 지닌 시인으로서의 노심초사와 절차탁마가 남다르다는 것을 감 잡게 하는 대목이기도 하다.

이미 앞에서 지적했지만 그의 작품에서 읽은 '산다이', '하누님', '소금벌레', '후려치다', '소금이 온다'와 같은 언어적 새로움은 그의 시적 지향성이 어디인가를 살피는 단서가 되기에 충분하다. 이를 보다 구체적으로 언급하면 그의 작품의 개성은 아름다운 우리말의 사용에서도 찾을 수 있다는 점이다. 이들 작품을 독서하면서 추려낸 이 같은 성과를 보이는 얼마간의 어휘들은 이렇다.

화티, 너와집, 물색없이. 눈개승마, 꼭두서니빛, 구리종, 쥐방울덩굴, 꼬리명주나비, 오뉘, 호미날, 민망한, 며느리밑씻개, 쥐오줌풀, 심짓불, 도지다, 어치소리, 부싯깃돌, 귓불, 휑한 떨림, 해종일, 도꼬마리, 쑥부쟁이, 다찌집, 슴슴해지는, 몽돌, 붉은머리오목눈이, 눈새기꽃, 감실등, 다랑치, 푸르메, 숯검댕이, 새암물, 비렁길, 곰곰한, 묵정밭, 갈매못, 휘강이, 아베베룸, 데불고, 시침, 여우바람, 한소끔, 호야심지, 화르르화르르, 쥐불똥, 냉구들, 꼬두밥, 어칠비칠, 안달하다, 허아비, 조릿대, 널배, 무릎꽈리, 어둑발, 굴렁쇠, 얼레빗, 잇단음표, 주낙배, 모눈종이, 풀문, 하찌, 하랑이 할랑이, 누비처네….

등등에다 이들의 사용빈도 또한 다른 시인들에 비해 활발하다는 것은 임해원 시인의 언어선택이 그만큼 결곡하면서도 새롭고 신중하다는 것을 의미하는 부분이다.

시인 임해원이 갖는 시인으로서의 차별성은 이처럼 새로운 말에 다가서면서 거기에서 사물인식을 찾아내거나 만들어서 자국自國의 언어가 자못 풍부하도록 힘쓰는 시인이라는 점이다. 언어세상에서 섹스피어가 위대한 것은 그의 언어사용이 영어권 언어를 그만큼 풍성하게 확장시킨 때문이다.

주변의 사물들에 대해 은유와 상상에다 새로운 생명성을 불어넣고 그들을 껴안아 따뜻하게 노래하는 임해원 시인의 시적 노력은 이 작품집이 거둔 괄목할만한 성과라 하겠다. 그의 이 같은 개성과 재능은 앞으로도 계속될 것으로 확신한다. 더불어 임해원 시인에게 주문하고 싶은 것은 인간군상의 복잡한 속성을 대리하는 사막과 숲과 바다의 순례를 통해 한층 깊어진 사유와 표현으로 시의 정수리를 오래오래 지켜가기를 권장하고 싶다.